# 〈情報〉帝国の興亡
## ソフトパワーの五〇〇年史

玉木俊明



講談社現代新書
2386

# はじめに　世界史のなかの情報革命

## インターネット世界は新しいか

毎朝、オフィスに着くとPCのスイッチを入れ、メールをチェックする。国際的なビジネスパーソンであれば、世界中からメールが来ていることも、めずらしくない。これこそ、グローバリゼーション、情報革命がもたらした現代の姿である。人びとはより忙しくなり、オフィスだけではなく電車のなかでも、つねにメールをチェックしなければならない。われわれは、たえず到着する新しい情報に追いまくられている。

これは、一昔前なら考えられなかった人びとの生活の実相である。

だが、このように、新しい情報伝達方法によって世の中が大きく変わるということは、現代社会に特有の現象ではない。世界は、情報のスピードが加速したり、情報量が増大したりすることによって、大きな変化を経験してきたのである。

インターネットの発達で、たしかに世界は変革した。しかし、それ以前にも、情報の伝達手段のなかで、世の中を変えたものはあった。

たとえば、グーテンベルクが発明した活版印刷術により、出版物の数は著しく増大し、知識社会の形成に貢献した。一九世紀には、電信の発明により、歴史上はじめて情報の伝達スピードが人間の移動スピードよりも速くなった。世界が電信網によって結びつけられ、世界中の情報が比較的短時間のうちに伝達されるようになった。

これらの事例からわかるように、インターネットの誕生以前にも、「情報革命」ともいうべき現象が生じていた。そのたびに、世の中がせわしなくなっていったのである。

## 情報による不安定性の時代

情報は、経済学的には、サービスや技術とともに無形財（intangible goods）に属する。しかしサービスや技術と比較すると、情報はより不可視であり、とらえどころがない。情報の価値は人により、時間により、場所により、つねに変動する。これらの点で、非常に稀な財だといってよい。したがって、歴史学の対象として情報を中心に据えることは困難をともなう。

本書では、「見えないもの」（invisible）を「見えるもの」（visible）にする作業をおこなわなければならない。いわば、見えないものの可視化こそ、本書の課題となる。

長期的な観点に立つなら、情報は、限られた少数の人が持つものから、多数の人が持つものへと変わっていった。だからこそ経済が成長しただけではなく、世の中のあり方が大きく変わったのである。そう考えれば、世の中は、だんだんと平等になっていったといえるだろう。経済学的にいうなら、これは、情報の非対称性——ある分野の専門家と素人のあいだで情報に格差が生じる現象——の小さい社会が誕生したことを意味する。

ただし現在では、情報の非対称性は薄れたものの、デジタルメディアの普及により、いわば「情報による不安定性」(volatility by information) とでもいうべき状況が発生している。人びとは情報に簡単にアクセスできるようになった。しかし、以前と比較して、不正確な情報ないし速すぎる情報の伝達によって、多くの人びと、さらには市場が大きく攪乱されるようになっている。

インターネットは、毎日株式相場をチェックし、株の売買をするデイトレーダーと呼ばれる人びとを多数誕生させた。そのため、株式市場の変化のスピードは加速化した。世界経済は、あまりに多くの情報があるため、何がほんとうに正しい情報かわからないという時代に突入した。もとより、そうした状況はインターネットやデジタルメディアの誕生以前にもあったが、変化のスピードが加速化したことはたしかである。

二〇〇七年、アメリカでサブプライム住宅ローン危機が発生した。サブプライム住宅ローンとは、低所得層の住宅購入用に、ローンの返済が滞った場合への担保として購入する住宅に抵当権を設定し、抵当貸付とした住宅ローンであった。そして、サブプライム住宅ローンへの投資を証券化して金融商品として取引可能にしたサブプライム・モーゲージ（抵当）がつくられた。このサブプライム・モーゲージの価格が金融市場で下落し、アメリカ金融界は大きな苦境を迎えた。

二〇〇八年、アメリカの巨大な投資銀行であったリーマンブラザーズが巨額の負債を抱えて倒産した。この事件の影響は世界中に及び、世界経済は大きく失速することになった。これを、リーマンショックという。

リーマンブラザーズは、サブプライム住宅ローンの価格に関して、インターネットでは肯定的な反応ばかりを多数受け取っていた。彼らは、取引で儲かっていると思っていた。実際には、家屋に低い査定額を出した都合が悪い情報は、インターネットに出されることはなく、高い査定額を出した情報だけが流されており、リーマンブラザーズは、その情報を信じたのである。リーマンショックは、その当然の帰結であった。これこそ、インターネットにより、情報による不安定性がもたらされた典型的な事例であろう。

インターネットによって、大量の情報が入手できるようになった。ところが場合によっては、その真偽をたしかめる時間的余裕がない。また人びとは都合の良い情報を信じがちであるばかりか、そのような情報だけを（それが間違った内容であっても）流すことは容易である。そのために、経済が大きく混乱する。政治的には、場合によっては暴徒が生まれる。現代社会では、そのような問題が生じている。

長期的に見れば、なかなか入手できなかった情報が簡単に入手できるようになり、情報の非対称性が少なくなっていく過程こそ、情報の歴史であるといえよう。しかし、情報の入手スピードが速く、簡単になりすぎたために、情報による不安定性が生じるようになった。

それが、現代社会の姿である。情報は、なかなか入手できない財から簡単に入手できる財へと変わった。そのために、世界は、大きな変貌を遂げようとしている。

## コミュニケーションツールとしての音声と文字

本書は、「情報」に関する書物である。ここでいう情報とは、コミュニケーションツールと言い換えてもよい。情報とは、おおまかには、音声と文字に分かれる。

おそらく数万年前、クロマニョン人は言葉を発した。そのため、ごく限られた範囲の情報の伝達しかできない動物や昆虫とは異なり、無限ともいえる情報を伝えられるようになった。音声の誕生により、人類は、文明を急速に発展させることができるようになったのである。

さらに数千年前から、人類は文字を使うようになった。文字と音声との決定的な違いは、情報の蓄積量にある。言葉を発したとしても、たいていの場合、その場限りの行為で終わってしまう。しかし文字にして記録すれば、半永久的に残る。たしかに、恐るべき記憶力を持つ人物がいて、自分たちの祖先の歴史を事細かに記憶していることもあった。だが、そのような人たちでさえ、すべての出来事を記憶していたわけではない。むろん、文字によってありとあらゆる事件や出来事が記録されるはずもないが、記録として残される範囲は、記憶として残される範囲よりも大きく広がることになった。

一五世紀のドイツで、グーテンベルクが活版印刷術を発明して、文字は限られた人だけが読むものではなく、徐々にではあるが、一般の人びとが読むものに変わっていった。歴史家はこれを、「グーテンベルク革命」と呼ぶ。この革命により、たとえ少しずつではあっても、知識は少数の人が独占するものではなくなっていった。

グーテンベルク革命の関連で記しておかなければいけないのは、音声と文字の発展は、決して相反するものではないということである。すなわち、音声によるコミュニケーションがしやすくなったから文字の普及が遅れるとか、活版印刷が普及したからといって、音声が重要ではなくなるということはない。

たとえば、教室で授業をするという場合、通常は音声を使う。しかし、教室で使用されるテキストは、文字に属する。したがって、この二つは、同時に使用されることがありえる。本書のキーワードとして、音声と文字がある。この二つのうち、ときには音声の、ときには文字の役割が大きく発展し、社会が変革する。そして最終的には、文字と音声は一つのものになった。その象徴がスマートフォンに代表される現在の携帯電話である。この携帯電話が、世界の変革に大きな影響を与えている。

そのプロセスこそ、ここで私が書きたいことなのである。

## 情報から見た近代世界システム

詳しくは第一章で述べるが、本書では、「情報」という観点から「近代世界システム」をとらえ、その生成と展開、さらには衰退を論ずる。

このウォーラーステインが提唱するシステムは、一六世紀のヨーロッパに生まれ、世界を覆い尽くした経済システムである。近代世界システムによって、世界経済は一体化した。ウォーラーステインの近代世界システムは、工業化された地域が工業製品のための原材料を輸出する地域を収奪しているという観点からの叙述になっている。工業製品の原材料を輸出する地域は、工業製品の市場となる。そのために工業化がおこなわれないことを取り上げたのである。

このようなウォーラーステインの見方は、世界をとらえるうえで、ひじょうに有効であり、大きな影響を与えてきた。

しかしウォーラーステインの議論で抜け落ちていることがある。近代世界システムの内部に組み込まれると、均質化した情報を入手できるという点である。さらに中核には、さまざまな商業情報が流入してくる。近代世界システムの中核に位置し、圧倒的に経済力の強いヘゲモニー国家は、その地位にいることで、莫大な利益を獲得できる。そもそも商業競争に勝つためには、できるだけ正確な商業情報を入手しなければならない。それが可能だからこそ、中核の地位に座れるし、その地位を維持できるのである。中核を通して多くの商業情報が拡散し、やがて近代世界システムの内部での情報は均質化する。その過程が完了するまで、中核は、情報の優位性を保持する。

ヘゲモニー国家とは、あくまで経済の中核となる国を意味する。現代において、一時的に金融システムの復権による経済成長があったにせよ、アメリカの経済力が相対的に低下したことは、まぎれもない事実である。そのアメリカに取って代わって、日本がヘゲモニー国家になるといわれていた時代さえあった。現在なら、中国が最有力候補として考えられるかもしれない。

しかし、このような「ポスト・アメリカ」はどの国かといった議論をする人びとに共通する問題点は、「近代世界システム」がまだつづくという前提に立っていることである。近代世界システムは、持続的経済成長を前提とする。世界のどこかに「未開拓の土地」(ghost acreage)があれば、経済は成長できる。しかし、いまや未開拓の土地はない。近代世界システムの前提自体が揺らいでいるのである。

また、先ほど記したように、私の考えでは、近代世界システムにおいて、さまざまな情報は中核に集積され、そこから発信される。だが、現在では、インターネットの普及により、情報の中核となる国自体が存在しなくなっている。中国、日本は決して情報の中心ではない。世界中のどこからも同じように情報が発信できるだけでなく、情報の集積も可能になっている。

もはや情報の中核なき時代に突入しつつあり、情報は世界各地に散在している。このような点を考慮すると、ポスト・アメリカにあたる国はないという結論が導き出される。近代世界システム最後のヘゲモニー国家がアメリカであり、つぎのシステムでは、中核のない世界が創出されると想定できるからである。

## 本書の構成

本書で考察の対象となるのは、「情報」という財である。情報を切り口にしながら、現代社会がどのようにして形成されたのかを論じてみたい。さまざまな出来事や事件は、情報という観点から、どのように論じられるのかを考える。私の専門がヨーロッパ史ということもあり、主としてヨーロッパの側からのアプローチとなる。

第一章では、近代世界システムとはどのようなものかという説明をおこなう。そして、中核となったオランダ、イギリス、アメリカが、どのようにして世界経済のヘゲモニーを握ったのかが論じられる。

第二章では、活版印刷術が普及し、さまざまな印刷物が世に出回るようになったことによる影響が扱われる。

宗教改革には、この新しい技術を利用したプロパガンダ戦争という側面があった。さらに、グーテンベルク革命の一つの結果として、商業情報も活字化されたことが論じられる。そのため、西欧は商業情報を入手するのが容易な社会になっていった。だからこそ、西欧諸国で経済成長が見られたのである。

第三章では、電信の発達が論じられる。この点で重要な国はイギリスであったが、イギリスはやがて世界中に電信網を敷設し、世界の情報の中心となったことが示される。イギリス帝国とは、「情報の帝国」でもあった。

世界のさまざまな情報が電信を通じて流れるばかりか、ロンドンで、電信を使って決済がおこなわれるようになった。イギリスは、電信を使って、世界をイギリスの経済システムに従属させた。イギリスが「構造的権力」（国際政治経済秩序において、「ゲームのルール」を設定し、それを強制できる権力）を有する国になったのである。

第四章のテーマは、アメリカのヘゲモニーである。

アメリカでは電話が発展し、音声は簡単に世界中に届けられることになった。電信が文字情報を瞬時に世界に伝達したのに対し、電話は、音声情報をあっという間に世界に伝わるようにしたのだ。

文字ではなく音声によって世界が結びつけられるようになり、その中心がアメリカであった。電話はアメリカのソフトパワー（軍事力や経済力ではなく文化や価値観などがもたらす力）として機能し、ヘゲモニーを握る点でも役立った。

アメリカは、ハードパワーとして位置づけられる国際機関と多国籍企業と、アメリカ経済の情報の均質化に寄与した家庭で使用されるソフトパワーとしての電話を結びつけることで、ヘゲモニー国家になった。他国においてはまだ商業用の電話しか普及していない時代から家庭用の電話が使われ、企業のビジネスツールが、多数の家庭を結びつけるツールとして機能し、一般家庭にまで浸透していた。電話は、アメリカ的生活、ひいてはアメリカの文化の象徴でもあった。

ハードパワーとソフトパワーの巧みな融合こそ、アメリカのヘゲモニーの特徴であったといえよう。

第五章では、インターネットと携帯電話の普及が論じられる。インターネットによって、大量の文書が世界のあちこちに送られるようになった。さらに携帯電話は、ＰＣと同じ機能も有し、文字と音声の両面で、世界を結びつけることを可能にした。音声も文字も、携帯電話によって、瞬時に、世界中に送られるようになった。それはむろん、経済の世界を大きく変え、情報による不安定性をもたらした。

このようなシステムは、経済面のみならず、政治面でも大きな変革をもたらした。たとえば、二〇一〇年にアラブ諸国の民衆が自由を求める運動をおこしたアラブの春につながっていったのが、その一例である。もはや、「構造的権力」を持つ国家は存在しなくなった。これほど世界で同質の情報が溢れると、「ゲームのルール」を決める国はなくなってしまう。

そもそも近代世界システムは、中核すなわち中心を持つシステムである。インターネットに代表されるデジタルメディアの発達によって、情報（商業情報だけに限らない）の中心といえる地域はなくなっていった。それは、近代世界システムの終焉と、新しいシステムの誕生を意味する。

本書では、商業情報の中心を持つ近代世界システムが誕生し、やがて死滅し、新しいシステムが生まれようとしている過程を描く。

それは、長い長い歩みである。

# 目次

# 第一章　近代世界システムと情報

## 『深夜特急』とイギリス帝国

ノンフィクション作家沢木耕太郎の傑作に、『深夜特急』（新潮文庫・全六巻）がある。手に取った読者も多くいるだろう。

沢木は、突如として、インドからロンドンまでの乗り合いバスの旅を思い立つ。現実には香港から出発し、飛行機や船も使うが、基本的には乗り合いバスを使い、この長距離を移動する。そして最後に、ロンドンの中央郵便局から日本に電報を打とうとする。

じつはこの旅行は、歴史家の視点からは、きわめて興味深い事例を提示している。沢木が最初に立ち寄った香港は、一九九七年まではイギリス領であったし、最終地点のロンドンがイギリスの首都であることはいうまでもない。沢木の立ち寄った地域の多くはイギリスの旧植民地であった。沢木の旅は、イギリス帝国を移動する試みでもあった。もしイギリス帝国がなければ、このような旅行自体、不可能だったかもしれない。

さらに興味深いのは、ロンドンの中央郵便局から打電を試みたことだ。一九世紀には電信で情報を送っていたからである。

長距離通信において、人びとが日常的に使用していたのは手紙であった。しかし、急ぎの用事があると、イギリス人は電信局に行って、電信を送った。ただし電信は高価だったので、頻繁に使えるわけではなく、短い文章しか送れなかった。しかしその電信こそ、イギリスの世界経済支配の道具として機能していた。電信を「見えざる武器」と呼んだのは、イギリス史家ヘッドリクであった。沢木の書物は、意図せずして、一九世紀のイギリスの世界経済支配のあり方を、ある程度われわれに知らせてくれるのである。

一九世紀にヨーロッパ諸国、なかでもイギリスは植民地を大きく拡大した。世界は「帝国の時代」になり、ヨーロッパだけではなく世界のヘゲモニー国家になった。しかし、それは、一朝一夕にできたものではなく、他国との競争に打ち勝って完成したものであった。その際に大きな役割を果たしたのが、電信である。電信は、イギリスの世界支配の重要なツールであった。

## ウォーラーステインの近代世界システム

このヘゲモニーなどの概念を用いて、世界を全体として見る視座を提供したのが、アメリカの社会学者ウォーラーステインが一九七四年に提唱した「近代世界システム」である。この理論は、いまなお大きな意味を持っている。ウォーラーステインは、国際分業体制をもとに、近代世界システムを描き出そうとした。

アジアやアフリカの国々は、ヨーロッパやアメリカの先進国に原材料を輸出し、先進国がそれを工業製品にして、アジアやアフリカに輸出する。そのため、アジアやアフリカは工業化ができず、低開発となる——ウォーラーステインはこのように考えた。

ウォーラーステインの近代世界システムでは、工業、商業、金融業の三部門で他を圧倒するような経済力を持つ「ヘゲモニー国家」が生まれる。それは「中核」と呼ばれ、強大な権力を持ち、周辺諸国を収奪することになる。中核と周辺のあいだには一種の緩衝地帯である、半周辺が位置する。このようなシステムが、一六世紀中葉のヨーロッパで誕生し、やがて世界を覆いつくしたというのが、ウォーラーステインの立場である。

ウォーラーステインによれば、世界史上、ヘゲモニー国家は三つしかなかった。一七世紀中頃のオランダ、一九世紀終わり頃から第一次世界大戦勃発頃までのイギリス、第二次大戦後からベトナム戦争勃発頃までのアメリカ合衆国である。

近代世界システムの特徴としては、「持続的経済成長」がある。近世以前の世界では、経済がたえず成長するということはなかった。親の時代も子どもの時代も、さらには孫の時代になっても、生活水準は一定であり、上昇するとは思われていなかった。経済がたえず成長するものだという前提がなかったからである。

それに対し今日の世界では、ときおりマイナス成長になることはあっても、経済成長はずっとつづくと信じられている。われわれが近代世界システムのなかで生まれ育ったからである。

近代世界システムは、飽くなき利潤追求によって維持される。世界中のどこにでもマーケットを求めていくからこそ経済が成長するのである。

歴史的に見れば、持続的経済成長を特徴とする社会は、比較的最近実現された。一七世紀のオランダがその最初の事例であった。現代の資本主義の起源は、一六〜一七世紀のヨーロッパにあった。そこで形成されたシステムが巨大化し、現代になると世界を覆うようになった。誕生時にはヨーロッパ内部にとどまっていたが、やがてヨーロッパを超える巨大なシステムに変貌した。

このように、世界を見通す視座を提供したという点で、ウォーラーステインの「近代世界システム」はいまなお有効性を失っていない。しかし、まったく問題点がないわけではない。その一つが、「はじめに」でも述べたように、情報の重要性を認識していないという点である。ヘゲモニー国家が世界経済の中核である以上、商業情報が集約される場所でもあるはずなのだ。

### 三つのヘゲモニー国家

一四七七年、現在のベルギーとオランダ（ネーデルラント）は、オーストリア＝ハプスブルク家領となった。一六世紀になるとスペイン領になったが、宗教改革の影響で、ネーデルラントはプロテスタントを信仰するようになったため、カトリックのスペインに弾圧されるようになり、一五六八年、独立戦争を開始した。一五七九年には、北部七州がユトレヒト同盟を結び、一五八一年に独立宣言を出した。この結果誕生したのが、オランダ連邦共和国である。

オランダが独立国家として正式に認められたのは、三十年戦争（一六一八～一六四八年）の講和条約であるウェストファリア条約が結ばれた、一六四八年のことであった。

この条約は、今日までつづく主権国家体制が認められた条約であるというのが、教科書的な理解である。しかし忘れてはならないのは、それまではおそらく明確なかたちで「ヨーロッパ」の一員だとみなされていなかったスウェーデンが、神聖ローマ帝国議会への参加権を得たということである。これは、中世以来の神聖ローマ帝国の栄光がなお残っているばかりか、北欧が、正式にヨーロッパの国として認められたということでもあった。したがって、この条約ではじめて、現在の西欧の輪郭が誕生したのである。

少なくとも理念としては神聖ローマ帝国が生きつづけるなか、オランダという国が誕生し、そしてヘゲモニー国家となった（そもそも、「国家」という用語を使う以上、国際的に独立が認められなければならないであろう）。

これに対しイギリスは、名誉革命（一六八八年）からつづくフランスとの戦争に勝利し、ナポレオン戦争が終わった一八一五年に、ヨーロッパ最大の経済大国になった。ヨーロッパはそれ以降急速に海外に植民地を獲得し、一九一四年に第一次世界大戦がはじまるまで、世界を支配することになった。そのなかでも、イギリスの植民地は、他のヨーロッパ諸国よりも圧倒的に広大であった。

ヘゲモニーを獲得した第三の国家アメリカが世界を支配したのは、第二次世界大戦と大きく関係していたことはいうまでもない。一九四四年にブレトン・ウッズ会議が開催され、翌四五年にはブレトン・ウッズ体制が成立した。この体制によって、アメリカはヘゲモニー国家になった。

このように、ヘゲモニー国家の誕生には、戦争が大きく絡んでいた。

## ポスト近代世界システムへ

そもそも一般に、ヘゲモニーと情報の関係というと、軍事情報がイメージされよう。たしかに軍事情報は重要であった。しかし、それは商業情報を獲得する手段の発展と密接な関係があった。

ヘゲモニー国家とは、商業情報が集約される国家であり、商業情報は、軍事情報と密接に結びついていたことを、以下指摘しておきたい。

まず、オランダについて述べよう。一五六八年の八十年戦争（オランダ独立戦争）開始時、オランダにおける武器産業は経済全体のごくわずかな役割しか果たしていなかったが、終了時の一六四八年には、ひじょうに大きな規模になっていた。オランダはスウェーデンから鉄や銅を輸入し、武器を製造した。オランダの武器貿易商人は、スウェーデン、デンマーク、イングランド、フランス、ヴェネツィアにまで、場合によっては、敵国のスペインにも武器を売った。その中心となった商人は、現在のベルギーのリエージュからアムステルダムを経て、スウェーデンに移住したド・イェール家とオランダのトリップ家であった。

オランダ史家、ヴァイオレット・バーバーは、以下のようにいう。「三十年戦争のあいだ、アムステルダムのド・イェール家の倉庫は、グスタフ・アドルフ（スウェーデン王）の軍隊とオランダ連邦議会のみならず、デンマークやフランスの軍隊にも武器を提供した。……一六二七年から四一年にかけて、リシュリュー（引用者注：一七世紀前半のフランスの宰相）は、銅・硝石・火薬・弾丸・マスケット銃・大砲をアムステルダムで購入したのである」。

アムステルダムは武器貿易の中心であった。それにより、戦略・戦術に関する情報が比較的容易に入手できたことは、きわめて重要であった。アムステルダムは、軍事情報が集約される地でもあった。オランダ商人の商業ネットワークを介して、オランダ国家は、軍事情報を入手したと推測される。

一方、イギリスは、電信を利用してヘゲモニー国家になった。たとえばクリミア戦争の際、黒海海底ケーブルが開通し、イギリスに必要な軍事情報を送ったとされる。これをきっかけとして、さまざまな戦争で電信が使用されるようになった。一九世紀のイギリスがいくつもの戦争に勝利できた要因の一つに、電信の使用があったことは言を俟《ま》たない。

また、アメリカのヘゲモニーでいえば、電話は、アメリカ人の生活に欠かせないものになった。電話は、いわばアメリカ的な生活様式のシンボルであった。オランダのヘゲモニー獲得に寄与した活版印刷術やイギリスの電信とは違い、長期的に見ると、電話は多くの国の家庭生活に広く普及した。アメリカ国内の情報は、電話によって均質化した。両大戦間期のアメリカの国民市場形成に、電話は大きく貢献した。アメリカ国内に巨大な市場があり、それをベースとして、アメリカの多国籍企業が海外で活躍できたことは重要である。

電話は、アメリカの多国籍企業が世界戦略を展開するうえで、商業情報をやり取りするツールでもあった。アメリカが、CIAなどの諜報機関を使って、世界の情報を入手していることはよく知られる。世界中にあるアメリカの軍事基地から、世界の各地の情報を入手できたし、現在もできる。

さらにアメリカは、各国にある大使館が、企業にはなかなか入手できない政治情報を流しており、それが多国籍企業にとって有益な情報であることは、想像に難くない。

オランダは活版印刷術、イギリスは電信、そしてアメリカは電話を使用した。これらが大きな要因となって商業情報の中心となり、ヘゲモニーを握ることができたのである。本書が、商業情報を重視する理由はここに由来する。

アメリカはまた、元来軍事用に作成されていたインターネットを、民生用に開放したことで知られる。しかしインターネットは、もはやアメリカがコントロールできるようなものではなくなっていることも事実である。軍事情報のために開発されたインターネットは商業情報に使われるようになったが、世界的な管理者はいない状態になった。そのため、情報による不安定性が増大することになった。

オランダは商人のネットワークにより、イギリスは電信により、情報を公共財として提供した。これに対しアメリカが開発したインターネットは、政府ではなく、世界各地の民間企業が提供する公共財であり、それまでの情報のインフラストラクチャーとは、決定的に異なる。

すでに述べたように、近代世界システムの特徴の一つは、ヘゲモニー国家が商業情報の中心になるということにあった。しかしインターネットは、そのシステムを破壊した。もはや、情報の中心をなすといえる国はそれがどのようなものであれ、消滅しつつある。したがって、現在、近代世界システムは「崩壊」しつつあると言って、問題あるまい。そして、情報の中心がない世界が生まれようとしていることもたしかである。

われわれは、近代世界システムの崩壊と、ポスト近代世界システムの誕生の両方を経験しつつあるのである。

ポスト近代世界システムの世界が、経済がたえず成長しつづけることを前提とはしない世界になったとしても不思議ではない。未来のことは誰にもわからないが、経済の持続的成長がつづくと信じる合理的根拠は、どこにもないように思われるからである。

しかしまだ人びとは、経済はたえず成長するという幻想に取り憑《つ》かれている。近代世界システムが崩壊し、新たなシステムが誕生しつつある現在、企業は、新たな利潤源として、労働者の賃金を見出すようになった。

現代世界の大きな問題である所得格差や貧困の問題の根源は、この点にあるように思われる。

## ソフトパワーとハードパワー

情報とは、本来、文化や国のイメージなどと同様のソフトパワーを意味する。一方、ハードパワーとは、他国の内政・外交に影響をおよぼすことのできる軍事力・経済力をいう。

ソフトパワーは、ときとしてハードパワー以上に大きな力を持ち、世界を大きく動かすこともある。

本書では、イギリスの国際政治経済学者のスーザン・ストレンジの「構造的権力」という用語を、本書ではキー概念として使用する。「構造的権力」とは、国際政治経済秩序において、「ゲームのルール」を設定し、それを強制できる権力を指す。たとえばアメリカは、金本位制にもとづく固定相場制を採用し、他の国々はこのシステムに従わざるをえなかった。アメリカの経済力が、圧倒的に強かったからである。

さらに、スーザン・ストレンジは、著書『カジノ資本主義』のなかで、「すべての国に同一のルールが適用される公平なシステムの代わりに、極端に非対称的なシステムが発展していた」と述べた。ストレンジは一九八〇年代の世界情勢を見ながらこのような発言をしたが、そもそも世の中に、公平なシステムなどありはしない。国際的政治経済状況において、どのような行動が正しいのかを決める権力を、「構造的権力」と呼ぶべきであろう。

「構造的権力」を持てば、世界の政治経済の規範を決めることになる。いわば、世界の政治経済の規範文法を決めるのであり、従わない国々は、規範から逸脱したものとみなされる。

それはまた、ヘゲモニー国家の特徴でもある。ヘゲモニー国家とは、経済的に何が正しいのかを決められる国家である。

オランダ、イギリス、アメリカとヘゲモニー国家が推移していったのは、そのつど、彼らのもとに比較的正確な商業情報が集まったからであった。それは、情報の非対称性が小さくなっていくことを意味した。

**戦後世界を支配するシステム**

ヨーロッパのヘゲモニー国家であったオランダ・イギリスと比較すると、アメリカは国土がはるかに大きい。したがってヨーロッパの二国のヘゲモニーのあり方とアメリカのそれとは、大きく違っていたはずである。

では、アメリカのヘゲモニーの特徴はどこにあるのか。

第二次世界大戦後、多数の国際機関が創設された。今日ではおなじみとなっている国際機関のほとんどは、じつは戦後の産物である。アメリカにとって、国際機関のなかでも、

IMF（国際通貨基金）こそ、世界の金融を管理する重要な存在であった。

IMF体制とは、アメリカの金本位制を基軸とする体制であり、世界各国は、一オンス＝三五ドルの平価で金と結びつけられ、アメリカ・ドルとの固定為替相場制を介して、間接的に金と結びつくものであった。

さらに、アメリカのヘゲモニーは、オランダとイギリスのヘゲモニー以上に、自国の文化と大きく結びついていた。アメリカのソフトパワーを代表する電話は、家庭でも使用された。それに対しオランダの活版印刷、イギリスの電信自体は、家庭のなかで使われたものではない。したがってアメリカのヘゲモニーは、国際機関・多国籍企業と家庭生活が緊密に結びついて成立・維持できたものであった。

戦後二〇年間以上にわたって、このシステムがつづくことになった。

このシステムは、多国籍企業とともに、アメリカのヘゲモニーに役立った。現実に取引をするのは企業であり、アメリカの多国籍企業は、圧倒的な経済的優位性を発揮した。世界中の国がドルを欲しがったが、アメリカの製品の方が優秀であったので、なかなかドルは入手できなかった。

基本的にアメリカの企業規模はヨーロッパよりもはるかに大きく、そのため世界は電話、さらにはテレックス、最近ではインターネットで結ばれることになった。アメリカで電話が普及したのは、国土が広く、直接に会って意見を交換するのが難しいことが一因であろう。

アメリカには、大量の資源があったし、現在もある。工業化する場合でも、ヨーロッパのように植民地を持ち、第一次産品の供給地域として自国に原材料を輸出させ、みずからは工業化をおこなうというプロセスを踏襲しなかった。一九世紀のヨーロッパの世界支配には植民地支配が不可欠であったのに対し、二〇世紀アメリカの世界支配には、そういう必要はなかったのである。

それに対し、イギリスの植民地支配、さらには電信を基軸として世界経済を支配したシステムは、いまなおイギリスが世界経済で重要な役割を果たすことを可能にした。

たとえば、ニューヨークの株式市場であるウォール街の取扱高はロンドンの金融街であるシティよりも大きいが、外国との取引の割合は、シティの方が大きい。それは、アメリカの国内経済の規模が大きいということもあるが、イギリス経済が、いかに世界経済といまなお強く結びついているかを示している。

## 近代世界のはじまり

近代世界システムの大きな特徴である持続的経済成長は、一七世紀のオランダからはじまった。産業革命を発生させたイギリスではなく、一般に商業資本主義の国として知られるオランダで生まれたことがきわめて重要である。

産業革命とは技術革新が継続的に起こるということである。一七世紀のオランダでも技術革新は生じたが、技術革新を前提とした経済制度があったわけではない。

近世オランダの持続的経済成長は、現代社会のような技術革新がつぎつぎに起こることは前提としていないのである。オランダは商業の発展によって持続的経済成長を成し遂げた。

それは、どのような過程をたどったのだろうか。

# 第二章

## 世界最初のヘゲモニー国家オランダ
## ——グーテンベルク革命の衝撃

## 書籍出版の中心としてのオランダ

オランダは、世界最初のヘゲモニー国家であった。それは、印刷の普及と関係していた。図2－1は、人口一〇〇万人あたりの書物の新刊出版点数を示している。この図からわかるように、一五世紀から一六世紀中頃まではイタリアとベルギーの出版点数が多いけれども、一七世紀から一八世紀中頃にかけて、オランダの出版点数がもっとも多くなる。

オランダは、そもそも宗教的に寛容な国であった。他の国なら刊行できないような内容の書物であっても、出版することができた。そのために、たとえばロンドンで出版された場合でも、出版地をオランダのアムステルダムとすることもあった。

遅くとも一六世紀末に、アムステルダムは、ヨーロッパ商業の中心となった。アムステルダムの取引所で取引された商品の名前と価格が印刷された「価格表」が作成され、比較的安価に提供された。したがって西欧の商人は、アムステルダムの商業動向を比較的容易に知りえたのである。そのためにアムステルダム商業は、西欧全体の商業に大きな影響を及ぼすことができた。これは、そもそもアムステルダムで活版印刷が発展しなければ、考えられなかった。印刷術が発展し、アムステルダムが商業情報の中心となったことで、オランダはヘゲモニー国家になったのである。

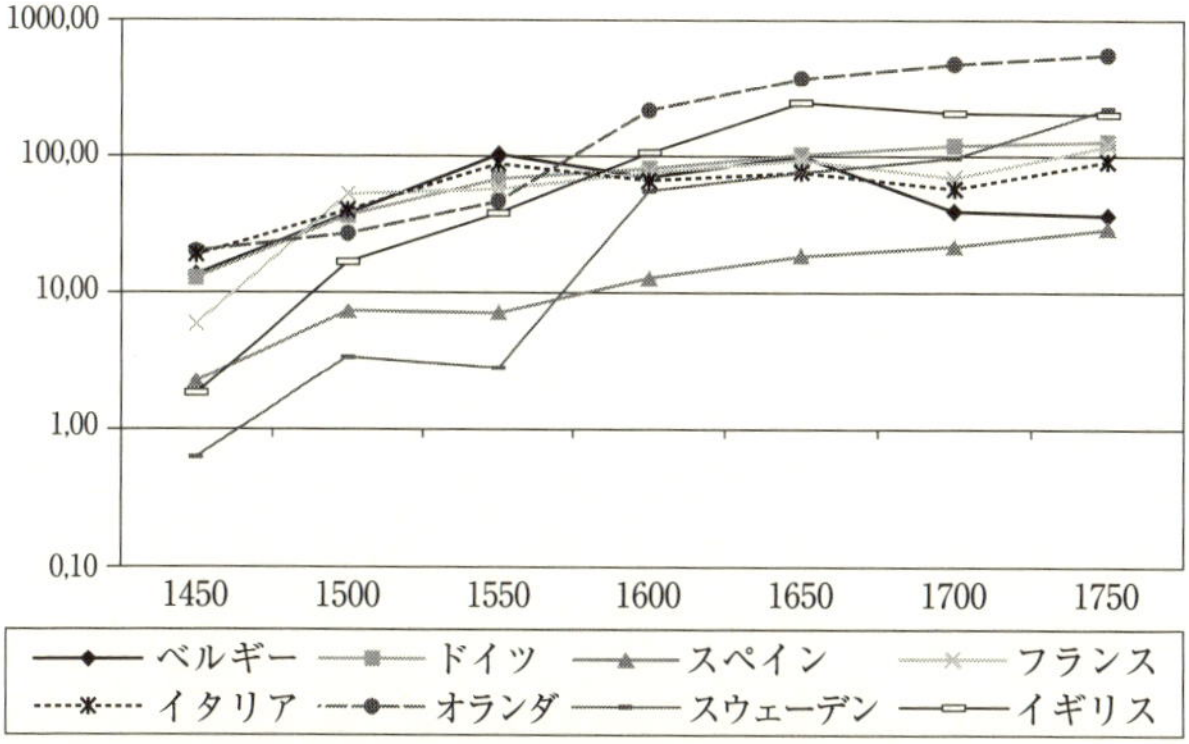


**図2-1　人口100万人あたりの書物の新刊出版点数**
**出典：Joerg Baten and Jan Luiten van Zanden, "Book Production and the Onset of Modern Economic Growth", JEL: O14, O40, N10. Figure 1**

## 拡大する情報の世界――大学の誕生

ところで、中世のヨーロッパにおいて、情報発信の担い手は誰だったのか。この時代、距離の離れた人どうしが頻繁に会うのは不可能であり、手紙を出しあうことで情報を交換した。まだ識字率は低く、修道士が手紙を書いた。修道士がいなければ、情報発信ができなかった。

しかもヨーロッパでは、長いあいだ、修道士などが書物を筆写して新しい写本を作成していた。筆写しか方法がなかったのだから、書物の出版数は、なかなか増えなかった。知識は、修道士などの一部の階級の独占物にとどまっていた。彼らが、情報発信と知識の担い手であった。

修道院には、写本室があった。修道士は、この写本室でみずからの修道院のためだけではなく、各地の教会や君主からの求めに応じて写本を作成した。羊皮紙の製造から装丁に至るまで、全工程を一つの修道院がおこなう場合もあった。修道院にとって、写本は生計を支える助けになった。もちろん、写本の対象には聖書も含まれていた。その聖書の生産量が最高潮に達したのは、一二世紀のことであった。

修道士が筆写をする様子を巧みに描写した文章を、小説ではあるが引用しよう。

彼女は、図書室で、やっと彼を探しあてた。イムラックの大修道院の図書室は、優に二百冊を超える上質皮紙《ヴェラム》古文書を収蔵しており、アイルランド五王国の大図書室の一つであった。蔵書のほとんどは、本棚に並べるのではなく、一冊ずつ革の書籍収納鞄に入れて、壁にずらりと打ち込まれている釘や鉤《かぎ》に吊るすという方式で所蔵されている。（中略）

また、イムラックの図書室には、書記僧《スクリプトル》の作業や研究のための区画も設けられていた。フィデルマが入っていった時には、数人の修道士たちが書物の上に屈みこんで、写本作業に従事していた。写本作業は、薄く滑らかな長い板の上に上質皮紙を広げて、行われる。これには、普通、羊、山羊、仔牛などの皮が用いられていた。書記僧たちは、木炭から作ったインクを牛の角に入れ、鵞鳥《がちょう》、白鳥、時には鴉《からす》の羽根で作る羽根ペンをこれに浸して、書物を書き写すのである。

(ピーター・トレメイン著、甲斐萬里江訳『消えた修道士』下、創元推理文庫、二〇一五年、七五〜七六頁)。

工芸ともいえる筆写を修道士がおこなっていた状況に変化が生じたのは、一二世紀末であった。この頃から、ヨーロッパに大学が設立されるようになった。

一三世紀中頃になると、パリ大学をめざし、ヨーロッパ全土から学生と教師が集まってきた。学生は、授業で使われる文献の写しを前もって入手しておかなければならなくなった。

この制度においては、許可を受けた書籍商が、指定された文献のために特別に作成された筆写用サンプルを貸し出した。一部について一セクション、希望する学生に有料で貸し出されることになった。

ヨーロッパの写本市場は、確実に拡大していった。その中心となったのは、人文主義的な学問研究者、宮廷、俗信徒であった。

一五世紀になると、現在のベルギーのブルッヘ（ブリュージュ）が、写本製造業の中心となった。

この頃になると、数世紀前と比較すると、識字率は上がっていた。西欧の学問の中心は、修道院から大学に移り、写本は、図書館に保存された。貴重な写本は、鎖につながれて保存されていた。むろん、盗難を恐れてのことである。

図書館で、書物の数が増えていくと、書見台の上に複数の本を縦置きで置くための書架ができるようになった。書見台と書架は未分離であったが、やがてこの二つは分離し、独立した書架ができるようになった。本に鎖をつけることがなくなるのは、印刷術が発達した一六世紀以降であった。書物は、だんだんと貴重品ではなくなり、市民階級に手が届くものになっていった。

## 拡大する情報の世界——商人の役割

修道院に変わるもう一つの情報の新しい担い手は、商人であった。

一一〜一二世紀は、ヨーロッパ史上「商業の復活」と呼ばれる時代であった。七世紀のイスラーム勢力の侵入により衰えていた地中海やバルト海の商業が、ふたたび活発になったといわれる時代である。

ハンザ（同盟）研究の第一人者である高橋理によれば、この頃のバルト海貿易の担い手であったハンザ商人は、みずから商品を携えて取引相手の居住地を転々とする「遍歴商人」であったとされる。遍歴商人のギルドは武装した人びとから構成され、商業旅行をするときには相互に援助をする義務があった（高橋理『ハンザ「同盟」の歴史——中世ヨーロッパの都市と商業』創元社、二〇一三年）。

ところが一三〜一四世紀になると、定着商人がふつうの姿になった。穀物、海産物、織物類、木材などの商品の取引量はきわめて多く、商人が全商品に目を配ることは不可能であった。さらに、取引が恒常化すれば、商人がつねに取引に立ち会う必要はなくなった。ハンザ商人は都市に定住し、取引相手とは通信すればすむようになったのである。

しかし、文書で通信するためには、商人が文字の読み書きをできるようになる必要がある。けれどもハンザ商人は文字を書けなかったので、一二世紀中頃までは、聖職者が代行していたのである。

ハンザ商人が文字を書くようになった正確な時期はわからないが、一四世紀には、彼らは、ラテン語に加え、（ドイツの北部で話される）低地ドイツ語で文書を書くようになった。一五世紀になると、低地ドイツ語が支配的になったと思われる。

商業界でも、聖職者の地位の低下が見られたのである。

イタリアに目を向けると、一四二七年のカタスト（フィレンツェの直接財産税）の申告書提出義務から判断すると、もはやフィレンツェでは読み書きを知らずしては生きにくかったが、俗語であるイタリア語でこと足りる社会になっていたようである。

ヨーロッパの北部と南部で、俗語の世界が広がっていった。そのためますます、ラテン語の担い手であった聖職者の知識社会に占める地位は低下したものと想像される。

## 情報の非対称性

このようにして、ヨーロッパでは、正確な情報が入手しやすい社会が形成されるようになっていった。では、それはどのようなプラス面をもたらしたのであろうか。

現在の経済学の主流である新古典派の経済学では、すべての人が同じ情報を共有することが前提とされてきた。たとえるなら、どの人もまったく同じ情報が入ったCDを所有していると想定されてきたのである。ところが実際には、CDの内容は人によって異なり、しかもところどころにデータの欠如や傷があるというのが現実の姿である。

商人は、他の商人よりも良質の情報を入手することが求められる。それゆえ現実の経済では、情報は必然的に非対称的になる。だからこそより良質な情報を得た商人は、利潤を手中にする。

たとえば、一見業績が優良な会社があるとする。素人の投資家なら、その企業の株を購入するかもしれない。しかしその会社の内情をよく知り、粉飾決算をしていると知っているプロの投資家がいれば、その株を直ちに売って損害を回避し、素人は大損する。このような事例は、おそらくいたるところに見出せるであろう。

とはいえ、あまりにも情報の非対称性が大きいと、市場は適切な機能を失う。また、正確な情報が速く伝わる社会の方が、経済成長に適していると考えられよう。個々の商人は情報の非対称性を利用して利益を得るが、社会全体としてはそれを縮小させなければ適切な経済活動が困難になる。企業の活動と経済全体のありかたとの関係は、おそらくこのようにまとめられよう。

情報の非対称性とは、経済学でしばしば用いられる概念である。人びとが市場での取引をするときに、専門家が持っている情報は、非専門家が有する情報とくらべると、はるかに正確である。したがって、専門家は、場合によっては非専門家を欺き、質の悪い商品を提供する可能性もある。そのようなことが多発すると、やがて非専門家は市場での取引をしなくなり、経済活動そのものが成り立たなくなる可能性さえある。

近世の西欧においては、誰もが均質な情報を入手することができるようになった。そして情報の非対称性が少ない社会が誕生した。

## 市場への参入が容易な社会

商業情報そのものに、大きな価値があったことはいうまでもない。なかなか正確な情報を入手できない近世社会において、商人に正確な情報を提供する手段が現れてきた。グーテンベルクによって発明された活版印刷術がそれである。活版印刷の導入以前には、手紙でしか知りえなかった商業情報が、広く社会に伝わるようになった。そのため、市場への参入が容易な社会が生まれたのである。

この時代のヨーロッパ史の特徴として、ヨーロッパ外世界への拡大があることはいうまでもない。さまざまな地域の商人が、ヨーロッパ外世界へと出かけていった。彼らによってヨーロッパ外世界の商業情報がヨーロッパに伝えられ、ヨーロッパ商業の情報が、ヨーロッパ外世界へともたらされた。

ヨーロッパ商人は、ヨーロッパの内外で、宗派や宗教の異なる商人間での取引をしなければならなかった。宗教改革の影響により、西欧は大きく見ればカトリック圏とプロテスタント圏に分かれ、プロテスタント圏はさらに細かな分派に分かれた。ヨーロッパ商人はヨーロッパ外世界では、イスラーム教徒、ヒンドゥー教徒、仏教徒らの商人と取引する必要があった。

このような異なる文化圏どうしの商業取引を、「異文化間交易」という。ヨーロッパの対外的拡張は、異文化間交易の歴史でもあった。宗派や宗教の異なる商人たちの取引を可能にした理由の一つに、グーテンベルクによる活版印刷によって可能になった、「商人の手引」——商業に関する事典のようなもの——の出版があった。

ヨーロッパ内部では、多くの商人が「商人の手引」を読んだ。そのため、彼らの商取引の慣行は同じようなものになった。その中心となったのがアムステルダムであり、この都市を媒介として、ヨーロッパ商業が一体化していった。ヨーロッパ商業社会の変容は、グーテンベルク革命があったからこそ、可能になったのである。

そして、ヨーロッパ外世界にも、ヨーロッパ商人は、その慣行を押しつけていった。だからこそ、ヨーロッパ商人が出かけていったヨーロッパ外の世界でも、同じような商取引がおこなわれることになった。

こうして、ヨーロッパ人が作り上げた均質な商業空間が、世界に広まった。ヨーロッパは単に武力というハードパワーだけではなく、活版印刷術によっても世界を支配していった。グーテンベルクの偉業は、それほど大きな変革を世界にもたらしたのだ。

以下では、まずそれを可能にした「グーテンベルク革命」について見てみよう。グーテンベルク革命がなければ、宗教改革は生まれなかった。そして宗教改革とは、アンドルー・ペティグリーによれば、出版活動による自説のプロパガンダも意味したのである。

図2-2　ヨハネス・グーテンベルク

## 世の中を変えたグーテンベルク革命

ヨハネス・グーテンベルク（一三九八頃〜一四六八年）は、世界で最初に活版印刷を発明した人物ではない。すでに一四世紀の高麗で、銅活版印刷がおこなわれていたことは、今日では広く知られる。

グーテンベルクの生涯については、じつはあまりわかっていない。おそらくマインツで生まれたといわれる。グーテンベルクの一家はかなり裕福であり、父親と伯父は、大司教の造幣局で役人をしていた。造幣局で、貨幣製造のために溶かした金銀が鋳型《いがた》に注がれ、プレスされ、やがて仕上げの磨きがかけられる様子を観察したことが、グーテンベルクによる活版印刷発明の基礎になったと思われる。

一四二八年、グーテンベルクは、マインツを去り、ライン川上流に位置するシュトラースブルクに居を構えた。その後十数年間に及び、活版印刷術の開発を進め、一四四三年には、活版印刷術を完成していたと考えられている。そして最初の聖書印刷に取り掛かったのは、一四五〇年頃であった。

ヨーロッパ史においては、グーテンベルクが発見した活版印刷術が、社会に大きな影響を与えた。高麗での銅活版印刷は、そこまでの影響を社会におよぼすことはなかった。「革命」と呼べるほどの社会変革につながったのは、グーテンベルクの力による。

またグーテンベルク革命の影響により、修道士が書物を筆写するという仕事の意味はほとんどなくなった。修道院のモットーとして、「祈りかつ働け」があるが、「働く」ことのなかで、筆写の占める割合は極端に小さくなった。

グーテンベルクの活版印刷については、たとえば、つぎのようにいわれる。活版印刷術が誕生したため、書物の量は著しく増加した。以前には一部の聖職者に限られていた読み書き能力が、それ以外の階層へと大きく広がった。さらにプロテスタントの側に立てば、聖書の自国語への翻訳のきっかけとなり、宗教改革へとつながっていった。

グーテンベルクが開発した活版印刷がなければ、マルティン・ルター(一四八三~一五四六年)は、ドイツ語訳聖書を完成させようとは思わなかったかもしれない。グーテンベルクは、宗教界のみならず、世の中全体を大きく変えた。

### カトリックも経済成長に貢献した

それでは、このグーテンベルクの活版印刷は宗教改革にどのような影響を与え、そして商人たちの世界にどのようなインパクトを与えたのだろうか。

　中世以来、カトリックに対する不満が高まり、やがてルターにはじまる宗教改革へとつながったことは、やはり否定すべくもない。

　元来、神の恩寵《おんちょう》はカトリック教会を通じて、信徒に与えられていた。ただし信徒が救われるかどうかは、信徒の意思や能力によるのではなく、もっぱら神の意思によって決められるとされた。

　この、パウロをへてアウグスティヌスによってとなえられた予定説は正統な教義とみなされ、近世になり、プロテスタントが登場すると、さらに強化された。どのような教派であろうとも、いやしくもキリスト教を名乗るのであれば、神がすべてを決定するのだから、予定説が正統な教義たらざるをえない。この点では、強弱の差はあれ、カトリックとプロテスタント諸教会のあいだに本質的相違はないはずである。

　カトリックとプロテスタントの最大の相違は、前者が救済は神によってローマ教会を通じて与えられるとしたのに対し、後者は、神の救済は直接個人に与えられるとしたことであろう。だがそれは、教義の相違であって、信徒がそのことをどこまで理解していたのかは、また別の問題である。

　言い換えるなら、キリスト教の教義の歴史と、信徒がその教義を実際にどうとらえていたのかは別の事柄なのである。信徒が現実に教義をどの程度正確に理解していたのかは、史料からはなかなかわからない。

本書との関係でほぼ確実にいえるのは、カトリックであれ、プロテスタントであれ、その商業活動が、ヨーロッパの経済成長に寄与したということである。やや詳しく述べるなら、情報の非対称性が少ない社会ができあがっていくことで、カトリックの商人であれ、プロテスタントの商人であれ、商業活動がしやすくなったという事実が大切なのである。実際、カトリック信徒の商人とプロテスタント信徒の商人が商取引をし、さらにはこの両者ともにユダヤ人商人と取引していた（異文化間交易）という事実を考慮に入れるなら、特定の宗派が経済成長に貢献したと主張すべきではなく、異なる宗派間の商取引が、どのようにして経済成長を生み出したのかが問われるべきであろう。

日本では現在もなお、プロテスタント、とくにスイスの宗教改革者カルヴァンの教義の影響でヨーロッパは経済成長したと思われているかもしれないが、今日のヨーロッパの歴史学界では、カトリックが信仰される地域でも大きな経済成長があったということが、ほぼ定説になっている。

この時代の経済統計としてもっとも信頼がおける指標は、貿易統計である。一八世紀のカトリック国フランスと、プロテスタント国イギリスを比較すると、時期によっては、フランスの方が貿易額の伸びが大きい。フランス革命によって、フランスの貿易量が大きく低下したからこそ、イギリスがヘゲモニー国家になれたのである。

ドイツの社会学者マックス・ヴェーバー（一八六四〜一九二〇年）は『プロテスタンティズムの倫理と資本主義の精神』という書物を上梓《じょうし》していることはよく知られているが、じつは『カトリックの倫理と資本主義の精神』という本を書くことさえ可能である。

宗教改革によって、西欧キリスト教世界がカトリックとプロテスタントに分離し、そのあいだで戦争があったにもかかわらず、ヨーロッパは全体として経済成長を遂げた。それは、宗教改革がカトリックとプロテスタントを問わず貢献しただけではなく、彼らがともに取引をし、ヨーロッパ世界を拡大したからこそ可能になったのである。ヴェーバーに決定的に欠けているのは、この歴史的事実の認識であろう。

近世の世界史を見るうえで重要なことは、ヨーロッパの対外的拡張である。それこそが、長期的には、ヨーロッパを他地域よりも優勢にしたのである。その先鞭をつけたのはカトリック国のスペインとポルトガルであり、プロテスタント国ではなかった。

さらにまた、近年の研究によれば、アムステルダム商人の場合、カトリックとプロテスタントが共同して商業活動に従事することは、ヨーロッパ内部よりも大西洋貿易の方が多かったようである（逆に言えば、ヨーロッパ内部でも、彼らは一緒に商業をすることもあった）。このことは、ヨーロッパが拡大するときには、カトリックやプロテスタントという宗派を超えて共同して商業を営んでいたことを意味するのである。

## 宗教改革の担い手と書物の普及

本書では、宗教改革の内容そのものに立ち入ることはしない。取り上げるのは、宗教改革に関係した人びとが、どのようにして自分たちの説をプロパガンダしたか、である。

たとえばヴィッテンベルクに居住していたマルティン・ルターは、この都市が印刷業で有名だったにもかかわらず、自分の著作をより速く大量に印刷するために、一五一九年、ライプツィヒの印刷業者メルヒオル・ロッターに、ヴィッテンベルクに支店を開設するよう説得した。ロッターは、ルターの書物がよく売れることを知っていたので、二人の協力関係は発展し、ルターの作品はヴィッテンベルクだけではなく、ライプツィヒでも印刷されるようになった。

このようにしてルターの『キリスト者の自由』は、一年間で一八刷に達するほど版を重ねた。一五二三年から二五年にかけて、ロッターはヴィッテンベルクにやって来た。さらに画家のルーカス・クラナハは、ルター訳聖書の下絵をデザインし、この書物の普及に一役買った。

一五二〇年から一五二五年にかけ、ヴィッテンベルクの出版業者たちは六〇〇点の書物を出版した。宗教改革期の論争は、ドイツの印刷業界全体を大きく変貌させた。ルターが、その中心に位置したことはまちがいない。ルターの説が人びとに受け入れられたのは、このように活版印刷を巧みに利用したからである。

ルターの敵対者であったエラスムス（一四六六〜一五三六年）は、人文主義者として名高い。エラスムスは、カトリック教会を批判してはいたが、中道の道を重んじ、決してプロテスタント側につくことはなかった。そのエラスムスは、新しく登場した活版印刷業を大いに利用した。エラスムスは、ラテン語でしか書かなかったが、自分の作品が俗語に訳されるのを歓迎し、自著が広く読まれることを大いに喜んだ。

エラスムスは、イングランドに住んでいたときでも、何か出版する必要があるときには、必ずパリまで行った。パリに、親しい活版印刷業者がいたからである。

この頃の書物は、見本市に合わせて出版されていた。一五二〇年代に宗教改革の論争が活発になったときに、エラスムスが恐れたのは、本の見本市の開催時期が近くなった頃に、論敵から攻撃文書が出されることだった。反論を書いている時間がなくなるからである。だが、見本市に間に合うようにエラスムスが反論を書けば、論敵は、エラスムスに対する再反論を出すまでに六ヵ月待たなければならなかった。その間、批判を封じ込めることができたのである。

宗教改革者は、主としてラテン語でパンフレットを書いた。国際的な議論をするためには当時のヨーロッパの共通語であったラテン語の使用が必須だったからである。しかし彼らは同時に、それぞれの国語（俗語）に自分たちの作品が翻訳されることを嫌がらなかったし、ルターのように、ラテン語の聖書をドイツ語に訳した人もいた。

宗教改革における論戦とは、純粋に宗教的な教義のみをめぐる争いではなかった。所得獲得の手段でもあったのである。自分の学説をより普及させたければ、本が売られる見本市の時期に出版する必要があった。

われわれは、宗教者たちの言説だけではなく、彼らがどのようにして、人びとにみずからの言説を信じさせるようにしたのかを、プロパガンダ合戦という視点からも、とらえなおすべきであろう。

エラスムスに関して、アンドルー・ペティグリーは、つぎのようにいう。


真の才能に恵まれたエラスムスほどの作家であれば、自著が市場を席捲しているときに、そのような戦略（引用者注：自分に向けられた批判文書の出版を封じ込めること）にうったえる必要などなかったのに、と考える人もいるかもしれない。すでに見たように、書物の生産プロセスに通暁《つうぎょう》していることが、彼の成功の主たる要因であった。エラスムスは時代のもっとも独創的な精神であると同時に、根っからの商業的知識人でもあったのだ。

（アンドルー・ペティグリー著、桑木野幸司訳『印刷という革命――ルネサンスの本と日常生活』白水社、二〇一五年、一四九頁）

「商業的知識人」とは、多少なりとも、他の宗教改革者にも当てはまるのではないだろうか。宗教改革は、パンフレットの出版合戦であり、出版のプロセスを理解していなければ、勝利は得られなかった。

## 誰でも入手可能な商業情報

印刷術の発展は、宗教改革をもたらしただけではなかった。より世俗的な面にも大きな影響を及ぼしたのである。商業の世界に与えた影響も、きわめて大きかった。

現在の歴史研究では、ヨーロッパ近世以前には、ヨーロッパも他地域も、さほど経済水準の差はなかったことがほぼ通説となっている。たとえばケネス・ポメランツが著した『大分岐』（川北稔監訳、名古屋大学出版会、二〇一五年。原著は二〇〇〇年に出版）によれば、中国とヨーロッパは、似たような経済状況、つまりヨーロッパと中国の経済力にほとんど差はなかったが、一七五〇年頃を境に、ヨーロッパだけが成長を遂げ、大きく分かれたという。ヨーロッパ、とくにイギリスは大西洋経済を開発することができ、さらに燃料源として石炭が利用できた。そのどちらも、中国には欠けていたために、ヨーロッパのような経済発展はできなかったというのである。

近世のヨーロッパが他地域よりも高い経済成長率を維持したとすれば、それはどうしてだろうか。ここでは、その問題をグーテンベルクによる活版印刷の普及（グーテンベルク革命）との関係から論じてみたい。

商人は、みずからが所有する商品について、他の人びとよりもすぐれた情報を有していると判断するからこそ、市場に参入する。重要なのは、商人がそのように主観的に考えるということにある。もちろん、商人の判断自体が正しいとは限らない。いつも正しいとすれば、破産する商人など存在しない。

新古典派が前提とする経済学のように、市場に参入するすべての人びと、とりわけ商人の有する情報が同じということはありえない。しかし一方で、人びとの情報量と質があまりに違うとすれば、市場への参入は容易ではなく、経済はなかなか成長しない。

経済成長のためには市場の成長が欠かせない。もし、市場で商業活動を営むための情報が不足していたとすれば、市場の存在そのものが危うくなる。専門家が情報を独占していたならば、市場に参入する人はいなくなり、経済活動そのものが崩壊してしまう。したがって市場の発展による経済成長のためには、情報の非対称性が少ない社会の誕生が必要となる。

近世のヨーロッパでは、均質な商業情報が多くの人びとに共有される社会が形成され、そのために経済成長が促進された。簡単に言えば、誰もが安価に商業情報を入手して、企業活動をおこなえる社会となったのである。

## グーテンベルク革命と商人の手引

ヨーロッパでは、なぜ比較的容易に商人が市場に参入できる社会が形成されていったのか。ここではその理由の一つとして、「商人の手引」を取り上げたい。

商人の手引には、商業に関する方法、商人の教育法などが書かれている。商業全般にかかわる、百科全書かつマニュアルだといって差し支えあるまい。

森新太によれば、商人の手引は、ヨーロッパ商業が、一二世紀頃に「遍歴型」から「定着型」へと変化するときに作成された。商人みずから各地をまわって取引していたのが、一定の場所に定着し、代理人を介して商業活動をするようになったため、「商人の手引」が書かれるようになったのである。

定着型の商業においては、商人たちは本拠地となる都市に定住し、各地に派遣した代理人や支店と郵便網を介した連絡や情報の収集を通じて活動に従事するようになった。彼らの活動範囲は広範囲化し、多角化した。そのため、各市場の情報や商品に関する知識、商業技術という点で精通すべき内容は膨大かつ多岐にわたるものとなった。

このような商人たちは、遠隔地との書簡の交換や情報の記録といった必要性から、読み書き能力を重要視し、また習得していくようになる。彼らはそうして身につけた読み書き能力を用い、日々変動する経済状況に応じて更新される情報や活動の記録を書き残すようになった。このような情報をまとめたのが、商人の手引なのである。

商人の手引は、一三世紀後半のトスカナとヴェネツィアで作成されはじめた。当時のイタリアが、ヨーロッパ商業の先進地帯であったためである。

森は、*Zibaldone Da Canal* と呼ばれる史料を取り上げる。その大半は一四世紀に編纂《へんさん》されたものだとして、以下のように述べる。

この『手引』の特徴的な点として、まず商業に直接関係しないものも含めて、非常に多岐にわたっている内容構成が挙げられる。全体の約４割が各市場の解説を含む商業の情報であり、３割弱ほどが算術指南に当てられており、これらを合わせた３分の

2ほどがいわば「商人的内容」となっている。残る部分は、文学作品の写しや、ヴェネツィアの短い年代記といった文学的な記述や、占星術、薬草学、そして十戒などが含まれる教訓的な記述といった、いわば教養的な内容が占めており、最後にラテン語による習字の練習と思われる15世紀の記述が加わる形である。

（森新太「ヴェネツィア商人たちの『商売の手引』」（『パブリック・ヒストリー』第七号、二〇一〇年、七八〜七九頁）

引用に見られるように、『手引』には、商業情報と、計算方法という商人の生活に必要な事柄と、商人として必要な教養が書かれている。おそらくこのようなタイプからはじまり、多様な形態の「商人の手引」が書かれたものと推測される。しかしその中核になったのは、商人として活動するために必要な情報であっただろう。

国際貿易商人の活動が活発になり、取引量が増え、取引のためのスピードが上がれば、情報は増え、情報の流通速度は上昇する。それどころか、同じような商業技術を持つ商人が活動するなら、情報が均質になっていく。そのため、より取引しやすい社会が誕生することになる。

## 『完全なる商人』への系譜

イタリア中世史家として名高い大黒俊二は、諸国家のうえにそびえ立ち、国境を越えた共通の利害と強い連帯感で結ばれた商人の共同体の姿を、イタリア人デ・マッダレーナに倣い、「国家の上の国家」、「貨幣の国際共和国」と呼んだ。この共和国には固有の領土も明文化した法も存在しないが、成員を律する厳しい規範、さらには外部からの脅威に対する相互防衛の組織、そして成員が共有する高度な商業技術、一定の行動様式や「哲学」などがあり、そのためこの共同体には、国家に似た外観が与えられていたのである（大黒俊二「コトルッリ・ペリ・サヴァリ——『完全なる商人』理念の系譜」『イタリア学会誌』第三七巻、一九八七年）。

私は、これを商人のネットワークそのものととらえてよいと思う。近世のヨーロッパ商人のあいだには、共通の経済的利害や行動様式を通じて形成されたネットワークがあったと考えられるからである。本項は以下、大黒の説に従って論を立てる。

大黒は、「貨幣の国際共和国」というべきものの存在について考えるうえで重要な史料群が、「商人の手引」であるという。イタリアではじまったこのジャンルは、一六世紀以降になると全ヨーロッパに拡大し、一八世紀に至るまで、途切れることのない伝統を形作った。

図2-3　ジャック・サヴァリ肖像画

イタリアのベネデット・コトルッリ（一四一五～一四六九年）の『商業ならびに完全なる商人について』は、全編商業・商人論といってよい。商業とは、「きわめて有益であるばかりか、人間の統治にも必要欠くべからざるもの、したがっていとも高貴なもの」であった。この当時、ラテン語は必ずしも不可欠な教養ではなかったものの、コトルッリは、商人に不可欠な前提であるといい、人文主義的な教養が必要だとする。

さらにジョヴァンニ・ドメニコ・ペリが著した『商人』（一六三八～一六六六年刊行）においても、ラテン語は必須の知識であった。本書では、商品、貨幣、税、商習慣までもが書かれていた。もし商業がなければ、人類は絶滅しないまでも減少し、生活は厳しく辛いものとなり、文明は野蛮化するであろう。それゆえ商業は、人類の生存にとって必要不可欠なものである。そして、国際貿易、大資本、金融業の三つの条件を備えてはじめて「真の商人」となれるとしたのである。

これらに対して、フランスのジャック・サヴァリ（一六二二～一六九〇年）の手になる

『完全なる商人』は、内容の豊かさからいっても、流布した範囲や影響力の大きさにおいても、他の「商人の手引」とは比較できないほど重要であった。一六七五年から一八〇〇年に至るまで、一一回の版を重ねた。『完全なる商人』では、人文主義的な商人教育観はすっかり影を潜め、実践にそくした教育が中心になる。サヴァリは、「小売商業にはどこか奴隷的なところがある」と軽蔑し、大商人になることを目標にすえた。イタリアからフランスへと「商人の手引」の伝統が移しかえられたことで、「商人の手引」は大きく発展することになった。

## 商業拠点の移動と手引

「商人の手引」は、商業拠点の移動とともに、一六世紀になると、アルプスを越え、アントウェルペン、アムステルダム、ロンドンなどでも作成されるようになった。しかも、中世においては手書きであり、商人の覚書の域をあまり出ていなかったのが、グーテンベルク革命によって活版印刷がおこなわれるようになると、多くの商人が手引を利用するようになった。そのためヨーロッパでは、商人・商業慣行の均質性が増加した。すなわち、同様の商業慣行を持つ商人が多数誕生したのである。

イタリアを起源とする商人の手引は、先に述べたように一六七五年にフランス人ジャック・サヴァリが著した『完全なる商人』により、頂点に達した。この書物は各地でさまざまな言語の複製版がつくられた。たとえば、一七五一年に出版された、イギリス人マラキ・ポスルスウェイトの『一般商業事典』は、『完全なる商人』の翻訳だとされる。

もとより著作権なる概念がなかった時代なので、正確な翻訳が作成されたわけではなく、各地の事情を考慮した改訂が施されていることが多い。したがってむしろ、翻案といった方が正確な表現となろう。またこのような大部な書物は必ずしも実用的でなく、より小型の書物が作成されることになった。

商人の手引は、(国際)商業のマニュアル化を促進した。どのような土地であれ、同じようなマニュアルに従って教育された商人であれば、同じような商業慣行に従って行動した。そのため、取引はより円滑に運んだのである。さらに、商業帳簿・通信文・契約書類などの形式が整えられていき、取引は容易になった。なおかつ契約書類は、手書きから印刷物に変わり、商人はサインするだけで済む場合も出てきた。商人はさまざまな言語を習得しなければならなかったが、商業に関連する書類の形式が決まってさえいれば、学習はより簡単になる。比較的少数の商業用語を習得すれば、他地域の商人と取引することが可能になった。

しかも忘れてはならないのは、このような手引が、やがてカトリック、プロテスタントを問わず、さらにはおそらくユダヤ教徒にも読まれるようになったことである。そのために、ヨーロッパ全体での商業取引が円滑におこなわれるようになったと考えられる。異なる宗派に属する商人との取引が容易になり、経済成長につながったのである。換言すれば、異文化間交易が容易な社会が誕生したのである。

今日の研究では、ヨーロッパの商人は、たしかに同一宗派との取引も多かったが、宗派の違う商人どうしの取引もなされていたことがわかっている。

またヨーロッパ人どうしであれば、取引を遂行するうえで、言語による障壁はあまり高くはない。したがって、グーテンベルク革命によって、ヨーロッパ市場は、近世のあいだに徐々に統合されていったと推測されるのである。

## 情報連鎖──伝言ゲームがなくなる社会

また、情報の集積・伝播についても、ヨーロッパ社会、とりわけ北方ヨーロッパにはさらに注目すべき現象があった。商品と価格に関する情報が印刷され、それが当初は一年に四回発行されていたのが、一週間に一回、やがて一週間に二回になった。もともとイタリアではじまったこのような商業新聞は、北方ヨーロッパにも広まり、一六世紀前半にはアントウェルペンが、一七世紀初頭から一八世紀初頭にはアムステルダムが、一八世紀初頭からの二世紀はロンドンが支配的になった。

中世ヨーロッパの商業史研究において、大市《おおいち》（年に数回開かれる国際的定期市であり、多数の商品が取引される）の研究はずいぶん盛んにおこなわれている。中世と比較すると研究は少ないが、近世になると、取引所がつくられ、毎日が市《いち》であるような情勢が生まれた。さらに、取引所どうしのネットワークが、商業新聞発行により密接になった。

一六世紀中葉に、アントウェルペンでは他都市に先駆けて取引所（bourse）がつくられた。さらに取引所における商品の価格を記した「価格表」が作成された。当初、「価格表」は手書きであったが、徐々に印刷されたものに変わっていく。グーテンベルク革命の影響は、商業においても大きかったのである。

この「価格表」はヨーロッパのあちこちに広まっていった。商業新聞と「価格表」は安価に購入することが可能であり、商人が市場に参入する大きな手助けになった。

「価格表」に関する本格的な研究は、ヨーロッパ史においてもあまり多くはない。日本においてはむろん、その実態はあまり知られていないので、ここでもう少し詳しく説明したい。

「価格表」に書かれているのは、取引所で取引された商品の名称とその価格だと考えてよい。たとえば、図２－４は、一七八七年八月三日にハンブルクで発行された「価格表」である。この図には、六〇〇ほどの商品名と、その価格が書かれている。この当時、ヨーロッパの製糖業の中心はハンブルクであったが、この都市で、一五種類の砂糖が取り扱われていることがわかる。

ジョン・マカスカーと、コラ・グラーフェステインの研究では、ヨーロッパ全体で、このような「価格表」が三三の都市で発行されたことを確認している（John J. McCusker and Cora Gravesteijn, *The Beginnings of Commercial and Financial Journalism : The Commodity Price Currents, Exchange*

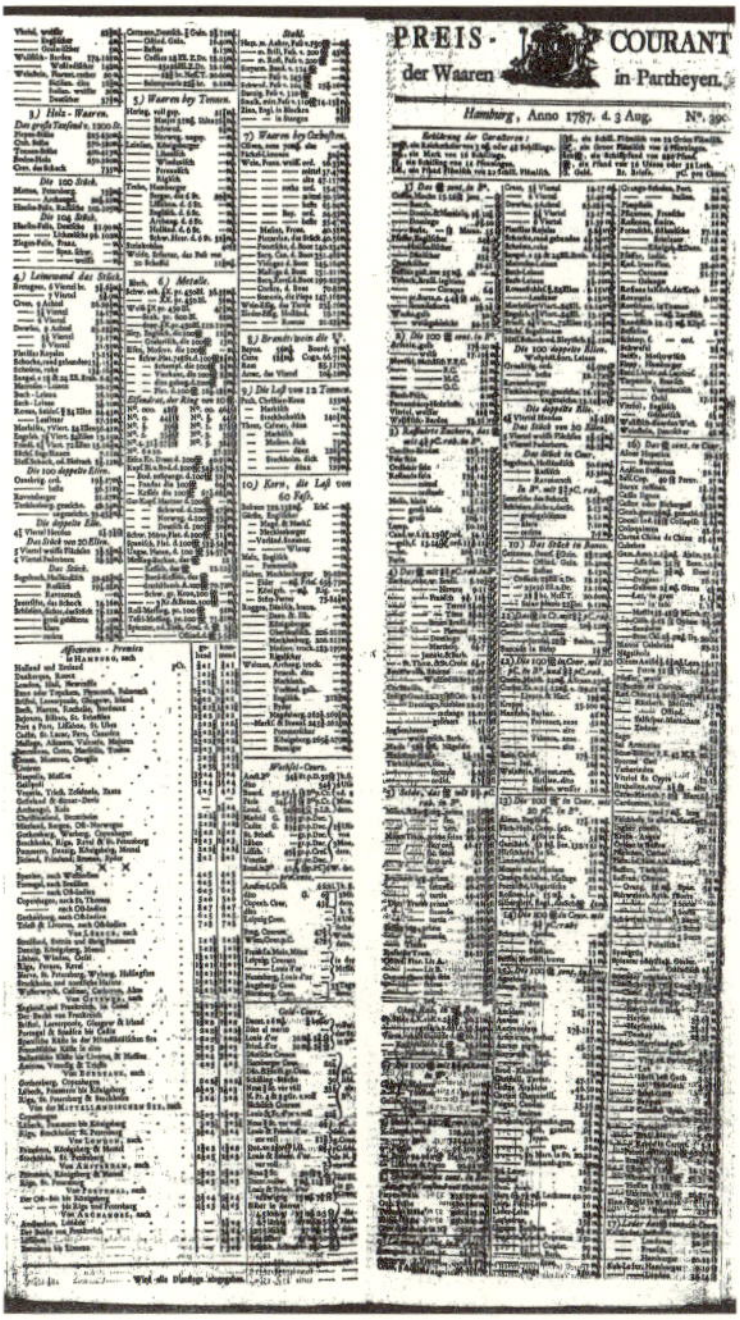
PREIS-COURANT der Waaren in Partheyen.

Hamburg, Anno 1787. d. 3 Aug.

図2-4　ハンブルクの価格表（1787年8月3日）

*Rate Currents, and Money Currents of Early Modern Europe*, Amsterdam, 1991.)。少なくとも西欧に関しては、重要な都市の商品価格はおおむねわかっていて、しかも、比較的安価に、誰でもこの価格表を購入できたのである。人びとは、西欧のあちこちの市場でどのような商品がどのくらいの価格で取引されているのか、よくわかるようになっていった。したがって、特定の商人が商業情報を独占していたわけではなく、情報の非対称性が少ない社会が成立していたと考えられるのである。

このように近世の西欧では、情報優位者（専門家）と劣位者（素人）が持っている情報量の差がなくなっていった。これは、グーテンベルク革命がもたらした大きな成果であった。

商業情報がスムースに流れなければ、経済活動は阻害され、経済成長は発生せず、近代世界システムは成立しない。しかも情報の流通は、商品の流通と結びついていることもまちがいない。

情報伝達のシステムの変化は、アメリカ人の歴史家スティーヴン・トピックがいう「商品連鎖（commodity chains）」の変容と大きな関係があったと考えられる。

一つの部門で経済活動に従事する人びとは、他の部門とどのような関係にあるのかは知らないけれども、原材料は、場合によってはかなり長い連鎖をたどって商品となり、最終的に消費者が購入する。トピックはこれを、「商品連鎖」と名づけた。

この商品連鎖が長くなれば長くなるほど、正確な情報の連鎖は欠かせない。これは、「情報連鎖」(information chains) というべきものである。商品連鎖の拡大は、情報連鎖の拡大をもたらす。

近世には大量の植民地物産が新世界やアジアからヨーロッパに流入した。アジアからの商品はすでにヨーロッパに輸入されていたが、その規模は大きく拡大する。しかも、新大陸の物産は、ヨーロッパ人にとってははじめてのものばかりであった。そのため、商品連鎖はより長く複雑になり、情報連鎖はより精密になった。

その点で重要だったのが、公的な情報である価格表や商業新聞、さらには私的な情報の商業書簡であり、これらの情報を用いて、商人は取引を拡大したのである。商品連鎖が適切に機能するためには、情報連鎖がじゅうぶんに機能しなければならない。正確な情報が提供されなければ、商品連鎖はストップする可能性もある。しかし近世の西欧では、価格表、商業新聞、商業書簡により、商業情報の伝達が正確になっていった。

## 情報の集約・発信地アムステルダム

一七世紀のヨーロッパ商業の中心地はアムステルダムであった。アムステルダムが持つ、もっとも重要な機能は、商品の流通と情報の集約・発信であった。一六世紀後半から一七世紀にかけて、アムステルダムは巨大化した。一六〇〇年に六万五〇〇〇人だった人口が、一七〇〇年には二三万人になった。さまざまな地域から、人びとが移住したからである。一五八五年にスペイン軍によってアントウェルペンが陥落する以前の一五四〇年代にはすでに、同市からアムステルダムへの大量の移民がいた。

アントウェルペンにはジェノヴァの商業技術が受け継がれていたので、ジェノヴァ→アントウェルペン→アムステルダムと、商業技術の伝播があった。さらに、現実にアントウェルペンで活発に取引をしていたのは、ケルン商人などの外国商人であったことから、アムステルダムが、ハンザの商業技術を導入した可能性が高かった。さらに、アムステルダム商人と婚姻関係を結んだダンツィヒのハンザ商人がいた。アムステルダム市場は、このような商業関係のなかで成立した。

近世のオランダは宗教的寛容の地として知られ、とりわけアムステルダムでカトリックもプロテスタントもアルメニア人もユダヤ人——とくにイベリア系のセファルディム（イベリア半島に住んでいたユダヤ人であり、一四九二年のスペイン統一以降、その多くが他のヨーロッパ諸国やオスマン帝国に移住した）——もかなり自由に経済活動に従事できたのは、オランダ、とりわけアムステルダムにとって何よりも商業活動が重要だったからである。彼らは、少なくとも同時代の他地域と比較すれば、より多くの経済活動の自由を得た。アムステルダムを通じて、ヨーロッパのさまざまな宗教・宗派に属する商人の取引が可能になったと考えるべきであろう。多種多様な商人の商業情報・技術が蓄積された。

アムステルダムには、たしかに多くの移民が流入した。しかしまた一方、多数の人びとがアムステルダムから別の地域に移動したことも事実である。アムステルダム出身でない商人のなかには、アムステルダムに定住する者もいれば、他地域に移住する者もいた。アムステルダムに移住した商人は、その世代のうちに別の地域に移住することもあれば、数世代を経て移住することもあった。

アムステルダムに移り住んだ商人は、出身地の商業ノウハウ、ネットワークなどをアムステルダムに持ち込んだ。それは、アムステルダムの重要な資産となった。ただしその資産は、商人がアムステルダムから移動することによって、必ずしもアムステルダムないしオランダにとどまることなく、他国に輸出された。

しかもアムステルダムでは、比較的自由に情報が伝達された。情報の伝達形式として、「口頭」から「印刷」という形式に変わっていったことで、情報の確実性は急速に増大していった。そのような情報が、ヨーロッパのあちこちに伝播していったのである。

アムステルダムは、ヨーロッパの出版の中心であり、情報センターであった。

アムステルダム市場の価格動向は、他のどの市場よりも重要であった。アムステルダムの情報は、一〜二週間で、他のヨーロッパ諸都市に届けられた。そのため、ヨーロッパにおいては、商人が持つ商業情報は均質化していき、商業遂行に必要な費用が大きく削減された。

さらに商人は、取引する商品の品質について、商業書簡を用いて伝達した。それを支えたのが、ヨーロッパ全土に広がる商人の私的なネットワークであった。情報連鎖は、国際貿易商人が織りなす私的ネットワークによっても広がった。

この時代のヘゲモニー国家オランダの都市アムステルダムは、ヨーロッパ経済の中心都市として機能した。そのアムステルダムを中核として、ヨーロッパの商業情報はヨーロッパ全体に拡大し、ヨーロッパ全体が均質な商業空間になることに貢献した。

## 知識社会の形成とオランダ

オランダ経済史の泰斗であるヤン・ライテン・ファン・ザンデンは、「知識社会」の成熟度を表す尺度として、書物の出版点数を対象にする。

ヨーロッパにおいては、むろん中世から書物という形態は存在していたが、グーテンベルク革命後、書物の数は急増した。政治的騒乱も、書物数の増加に拍車をかけた。図2-

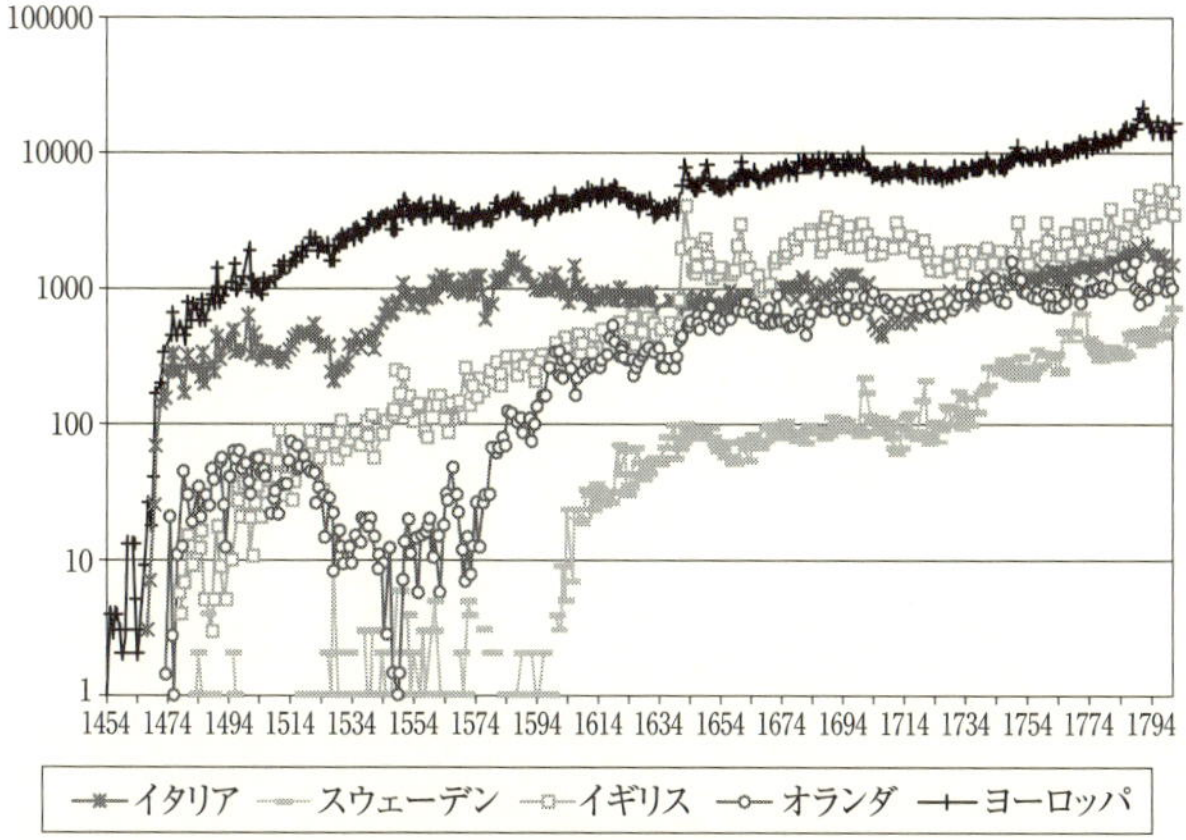


**図2-5　西欧諸国の新刊活字本出版点数**

**出典**：Jan Luiten van Zanden, *The Long Road to the Industrial Revolution: The European Economy in a Global Perspective, 1000-1800*, Leiden 2009, p.185.

5に見られるように、一六四〇年代のイングランドの内乱後、さらにはフランス革命後、書物の出版点数は大きく増えた。書物の出版点数が増大することで、情報の入手がより安価になった。

一五二二年から一六四四年にかけて、西欧の書物生産量は約三五七〇タイトルであり、同時代の中国に関するもっとも高い推計値のおよそ四〇倍も多かった。

西欧の一人あたりの出版点数は、清や日本のようなアジアの諸国と比較して、はるかに多かった。しかも、活版印刷術の改良により、書物の価格は安価になった。ようするに、西欧はアジアよりも大きく進んだ知識社会であったという。

ファン・ザンデンの主張は、たった一つの指標から社会全体の構造を判断するという、欧米の歴史家にありがちな陥穽《かんせい》に陥っている。別の指標を用いれば、異なる結論が導き出されよう。しかし、出版される書物の数と種類が増え、知識社会の形成に役立ったことはまちがいない。

## ヨーロッパ外世界との通信

右に述べたように、商人は情報の担い手であった。ヨーロッパ商人は、一日何時間も手紙を書いた。実際に商業に従事する時間よりも、もしかしたら手紙を書いている時間の方が長かったかもしれないほどである。

それは、遠隔地にいる商人に正確な情報を伝えるためであった。とりわけヨーロッパ外世界にいる商人は、ヨーロッパにいる同僚や家族にせっせと手紙を書き、商業情報を伝えたのである。

ヨーロッパ人がヨーロッパ以外の地域で遭遇したコミュニケーション上の問題は、ヨーロッパの内部よりもはるかに深刻であった。ヨーロッパ内であれば、通訳を見つけることはあまり難しくなかったであろうし、そもそもその必要がないことの方が多かったと思われる。しかしひとたびヨーロッパを出れば、ヨーロッパ商人は語学上の問題に遭遇することになった。

しかも、おそらく新世界よりもアジアとの取引の方が、困難が大きかったと考えられる。大西洋貿易では、ほとんどヨーロッパ人との取引ばかりであった。それに対しアジアとの貿易では、ヨーロッパ人以外と取引する必要があった。

スウェーデン人の歴史家リサ・ヘルマンによれば、中国の広州には常時、四〜五名の中国政府の通訳しかいなかった。広州との貿易が増大すると、役人はアシスタントを雇うほかなかった。

一七四八年には、イギリス商人のチャールズ・フレデリク・ノーブルが、「外国語を話せる中国人商人はほとんどいなかったので、英語ないしポルトガル語を話すことができる人を雇っていた。だから、フランス人、オランダ人、デンマーク人は、このどちらかの言語を話す必要があった」といった。

通訳は、コミュニケーションの媒介者となり、中間商人は、知っていることを役人に伝えた。税関の役人は、すべての商品の価格と量を記録した。そのため、最終的には、中国人の役人がたえず情報の掌握という点で有利な地位にいた。さらに、中国政府に有利になるように、通訳がわざと誤訳をすることもあった。

ヨーロッパ人にとって中国語はきわめて難しい言語であり、中国人がヨーロッパの言語を話せたとすればどれだけ楽になるかと考えたヨーロッパ商人も多かった。

そこで中国人役人からの干渉を避けるために、中国人商人とヨーロッパ商人は通訳をできるだけ使わないようにし、共通の言語を創出したのである（Lisa Hellman, *Navigating the Foreign Quarters: the Everyday Life of the Swedish East India Company Employees in Canton and Macao 1730–1830*. Stockholm, 2015.）。その言語とは、中国語やマレー語、ポルトガル語、英語などが混ざった人工的な言語であった。

こうしたことからわかるように、商業活動においては、中国政府と中国人商人の利益が一致しているわけではなかった。

国家の網の目をくぐり、商業を営むという行為は、なお一八世紀中頃になってもつづいていたのである。

しかしまたその一方で、国家が商業情報をスムースに流そうとしたこともあった。たとえば、イギリス東インド会社は、商業の手続きや慣行に関する知識を伝達しようとした。中国政府とくらべてイギリス政府の方が、正確な商業情報を商人に伝える重要性をよく知っていたことを物語るものであろう。

## 「共通の言語」とヨーロッパ世界の拡大

中国人の商人とヨーロッパの商人が共通の言語を創出した例を紹介したが、異文化間交易をめぐる努力は他にも見られる。

イタリアのリヴォルノの商人（イベリア系ユダヤ人のセファルディム）とインドのゴアのヒンドゥー商人の異文化間交易――イタリアから地中海産のサンゴをインドのゴアに輸出し、ゴアからイタリアへはダイヤモンドが輸出される――に関する書物を著したフランチェスカ・トリヴェエラートによれば、インド洋ではポルトガル語が使用されていたので、一八世紀において、彼らの取引はポルトガル語でおこなわれた（Francesca Trivellato, *The Familiarity of Strangers: The Sephardic Diaspora, Livorno, and Cross-Cultural Trade In the Early Modern Period*, New Heaven and London, 2009.）。

近世においては、言葉というものはまず「音声」という観点から教育された。そうしたこともあって、スペリングは必ずしも一定ではない。しかし、その様子は徐々に変わっていく。

商人のあいだでの契約が私的なものから公的なものになり、商業取引上の規則が統一化され、それが公表されると、商業書簡のスタイルは徐々に統一された。その文章は、より洗練されていった。そしておそらく、スペリングもだんだん統一されていった。

推薦書や自己紹介の文書が、商人が新しい取引相手とコンタクトをとり、取引地域を拡大するための方法として用いられた。自己紹介文のなかには、共通の知人の名前を書くのがふつうであった。商人はそれにより、信頼を得られると考えたのである。

ここでも、活版印刷機は大いに役割を果たした。商人が手紙を出すときの規則を印刷したパンフレットなどが出版されたからである。商業書簡はマニュアル化された。そしてヨーロッパ商人は、ヨーロッパ外商人との取引でも、そのルールを押しつけることになったと考えられる。ゴアのヒンドゥー商人が、キリスト教のヨーロッパで精巧になった手紙の書き方の規則を吸収したことからも理解できよう。

この当時のインドとイタリアの経済力を比較したなら、おそらくインドの方が上だったであろう。しかし、少なくとも商業書簡という商業慣行においてはイタリアの慣行、ひいてはヨーロッパの慣行を押しつけることに成功した。ヨーロッパのソフトパワーが、アジアの経済力に対し勝利を得ていったのである。

商業書簡の書き方の規則を守っていれば、はじめて手紙を出す商人も、比較的簡単に仲間として認めてもらえた。そうすることで、手紙を出した商人だけではなく、出された商人のネットワークも広まっていった。

ヨーロッパの領土が拡大するにつれ、ヨーロッパ外の商人たちも、ヨーロッパの言語を使わざるをえなくなった。ヨーロッパ諸国は、事業の規範というものも、他地域に押しつけていったのである。

アムステルダムを中心としてできあがった商業空間は、このようにして拡大した。アムステルダムを中心とするヨーロッパの商業システムは、活版印刷術の普及により、ヨーロッパだけではなく、ヨーロッパ外世界にまで拡大した。

ヨーロッパが、暴力的手段を用いて支配地域を拡大し、その結果、商業空間の拡大をもたらしたのは事実である。しかし、それと同時に、商人独自の活動で、ヨーロッパの商業空間が拡大していったことも忘れてはならない。

## いつ情報が届くかわからない世界

ヨーロッパ商人は、情報の入手にかなりの時間を要した。この点は、イタリア史家である徳橋曜の研究を見ればよくわかる。徳橋は、ヴェネツィア在住の商人ピニョール・ズッケッロに宛てて、彼の代理人・取引相手が送った六七通の書簡をもとに、その手紙の到着日数を明らかにする。

海上通信は、陸上通信以上に不安定であった。海上交通には、気象条件がきわめて大きく影響した。そもそも船が拿捕《だほ》されたり、難破したりすることも稀ではなかった。もし天気が良ければ、船はスムースに航海できたが、そうでなければ、船の到着は、換言すれば手紙の到着は遅れた。

たとえば、ヴェネツィアからクレタ島のカンディアまでの通信所要時間は、最低一一日間、最高で四七日間、通常二四日間であった（徳橋曜「中世地中海商業と商業通信——14世紀前半のヴェネツィアの場合」『イタリア学会誌』第三六巻、一九八六年）。

手紙を送るときには、複製を送ることが多かった。それは、陸上通信でも同じであった。複製とは英語でduplicateという、そして、三通目の複製はtriplicateというが、日本語ではそれにあたる言葉はない。中近世のヨーロッパでは、数通の複製を作成するのは当たり前であり、そのうちの一通が届けばよいと考えられていた。場合によっては、複製が先に来て、オリジナルがあとで届くこともあった。情報が、当人に届くという保証は、どこにもなかったのである。

船舶も、いつ着くのかは、正確にはわからなかった。ヴェネツィアからクレタ島までの移動距離はあまり長いとは思われないが、それでも三六日もの幅があったのだ。船が目的港に着いたときには、貨物を載せ替える予定の船がすでに出港しており、つぎの船を待たなければならないことなど、まったく珍しくはなかった。いつ港に到着するのかは、船舶の姿が見えてこないかぎりわからない。このような光景は、グーテンベルク革命によっても、変えることはできなかった。

近世の商人は、いつ情報が届くかわからないという不安定な状況のなかで、商業に従事していたのである。

それが変わったのは、電信の発明と、蒸気船の登場によってであった。船舶がいつ着くのかということが、かなり予測可能になり、事業展開に必要な時間が大きく短縮されることになった。

## 来る者は拒まず、去る者は追わず

ウォーラーステインによれば、ヘゲモニー国家とは、強大な権力を有する国家のことである。

しかし現実には、オランダは決して強力な権力を有する国家ではなかった。オランダ国家は、分裂国家という方が正しく、中央集権化傾向を示すのは、一八世紀末になってフランス革命軍によって占領されてからのことであった。

オランダが正式に独立するのは一六四八年のウェストファリア条約のときであった。この条約で、オランダはヘゲモニー国家として承認されたともいえよう。

しかし一七世紀のオランダ国家は、商業活動を武力によって保護することができるほどの国力はなかった。この時代のオランダは「商人の共和国」であり、オランダ国政府は、「来る者は拒まず、去る者は追わず」というポリシーを貫いた。それが、オランダの国制であった。

オランダ国家の力は弱く、商人が重要な商業情報を他地域にもたらすことを妨げられなかった。しかし、そのために、西欧は経済成長を遂げた。西欧の商業世界には均質な情報が流通し、さまざまな取引のコストが下がった。さらには、イギリスがヘゲモニー国家になることを助けたのである。

この点から参考になる研究として、ラリー・ニールの『金融資本主義の勃興』がある。長年にわたり、オランダは他国に投資した。オランダの利子率が他国と比較して低かったからである。ニールは、今日の「バブル経済」の語源となった一七二〇年のイギリスの南海泡沫事件 South Sea Bubble（イギリスの南海会社の株が急騰し、その後急落した事件）以前には、オランダはイギリスだけではなくフランスにも投資していたが、この事件以降、もっぱらイギリスに向かうようになった、と指摘する。オランダ人は、外国人として、イギリスの国債を購入した最大の集団であった、と。

残念ながら、ニールはその理由を明確には示していない。しかし、もしオランダからの投資がなければ、イギリスはヘゲモニー国家にならなかったかもしれないと推測できるじゅうぶんな理由がある。名誉革命が発生した一六八八年から、ナポレオン戦争が終結した一八一五年まで、イギリスとフランスは戦争状態にあった。イギリスは戦争遂行のために国債を発行し、オランダ人はその国債を購入したからである。換言すれば、最初のヘゲモニー国家オランダが、つぎのヘゲモニー国家イギリスの誕生を促進したといえる。

それが、オランダのヘゲモニーのあり方であった。

# 第三章　繁栄するイギリス帝国と電信

## 「国家の見える手」

従来の研究では、イギリスは、国家が経済に介入することがなく、自生的に経済を成長させ、産業革命を成し遂げた国だとされていた。社会に対する国家の介入は最小限にする「夜警国家」がイギリスの特徴であったと言われていた。

ところが最近の研究では、イギリスは、国家が自国経済に介入したからこそ、経済が成長したのだという意見の方が強い。スウェーデンの経済史家ラース・マグヌソンは、国家の経済への介入を「国家の見える手」といった。国家は、産業活動を保護し、経済成長率を高めるために、重要な機能を果たしているというのである。

イギリスのヘゲモニーは、国家があまり大きな役割を演じなかったオランダのヘゲモニーとは、大きく異なる。

イギリスは、ヨーロッパ外世界への発展においては、イベリア半島の諸国に遅れをとったが、最終的には勝利し、世界中に植民地を持つことに成功した。

史上最初の世界的な海洋帝国は、ポルトガルであった。そのポルトガルの対外的拡張を考えるうえで、たしかに国家の役割を軽んじることはできないが、商人が独自に組織化をして、みずからの力でさまざまな世界に乗り出していったという見解が、現在の研究の主流となっている。

すなわち、ポルトガル海洋帝国は、「商人の帝国」だったというのである。

だからこそ、ポルトガルの植民地のいくつかがオランダやイギリスに奪われたのちも、一八世紀末に至るまで、ポルトガル語は、アジアでもっとも頻繁に話されたヨーロッパの言語であった。

オランダにせよポルトガルにせよ、商業情報のネットワークとは、商人のネットワークだったといえるのである。

それに対しイギリスの商業情報の流通には、国家が大きく関与した。イギリス帝国は、決して「商人の帝国」ではなかった。イギリス帝国は、電信によって維持される帝国であった。電信の敷設は、国家の軍事政策と大きな関係があった。海外の電信敷設を担ったのは私企業であったが、電信によって、帝国の一体化がはかられたのである。

ヨーロッパにおいてはオランダが、ヨーロッパ外世界ではポルトガルが築き上げた商業世界の多くを、イギリスは国家の力を巧みに利用して奪い取っていった。いわば、国際貿易商人の世界を、イギリス帝国というシステムのなかに組み入れることに成功したのである。

イギリスは世界の電信の大半を敷設した。電信により、世界の多くの商業情報はイギリス製の電信を伝って流れた。電信のおかげで、イギリスは世界の情報の中心となったばかりか、あとで述べるように、さまざまな経済的利益を得たのである。

## 電信と蒸気船が世界を縮めた

一五世紀以降、ヨーロッパは対外的拡張を遂げた。それにより、ヨーロッパ世界は大きく変わった。貧しかったヨーロッパ人の食卓には、新世界からの穀物や砂糖、コーヒー、アジアからの紅茶などが並び、だんだんと豊かになっていった。

しかしヨーロッパが対外的に拡張したからといって、通信速度がすぐに速くなったわけではない。フィンランドの海事史家の泰斗イルヨ・カウキアイネンの研究によれば、一八世紀には、ヨーロッパ船の速度はあまり変化しなかったとされている（Yrjö Kaukiainen, "Shrinking the world: Improvements in the speed of information transmission, c. 1820-1870". *European Review of Economic History*, Vol.5, 2001.）。一九世紀になってようやく船舶のスピードアップが実現した。だが、スピードアップと、船がそれ以前よりも確実に早く到着予定港に入港するということは、決して同じではない。帆船は、たとえスピードアップしたとしても、風向きや天候の影響を受けやすく、その速度は、決して安定していたわけではない。

比較的安定した速度を出したのは、蒸気船であった。蒸気船は、少なくとも帆船ほどには、風の向きや天候の変化による影響は受けなかった。蒸気船によって、「航海の確実性」が大きく増大した。時間通りに到着するということが、だんだん当たり前になっていった。それは、事業情報を入手する確実性が増すことをも意味したのである。

一九世紀後半になると、遠洋航海の場合、明らかに帆船よりも蒸気船の方が頻繁に使用されるようになった。航海に必要な日数は、確実に減少していった。

具体例を挙げよう。一八五一年初頭、イギリスの船会社ロイヤルメールで蒸気船が使われるようになると、リオデジャネイロからイギリス南西部のファルマスまで郵便用帆船が航海するのに五二日間必要だったのに対し、三〇日間以下になった。カウキアイネンの言葉を借りれば、世界が「縮まった」のである。

拡大するヨーロッパ世界において、情報をより速くより正確に伝えることは、商業的にも、軍事的にもきわめて重要になった。商人はできるだけ速く情報を送る必要があったし、世界中で戦争がおこなわれている以上、ヨーロッパ諸国は、戦場と本国のあいだで、軍事情報を可能なかぎりのスピードで伝達しなければならなかった。

これらの問題の解決にあたり、もっとも大きな役割を果たしたのは、電信であった。しかも海底ケーブルの敷設には巨大な蒸気船が必要であった。

ヨーロッパ海運業と電信は、パラレルに発展し、その中心に位置したのが、イギリスであった。したがって本章では、イギリスがどのようにして世界的な電信網を整備したのかを叙述しつつ、第二のヘゲモニー国家イギリスについて論じてみたい。電信は、軍事目的に使われることも多く、それ自体ハードパワーとして機能した（ただしここでは、軍事目的の利用については論じない）。

しかし、電信について論じる前に、フランスを中心に発達した腕木《うでぎ》通信について見ていきたい。電信は、腕木通信に対抗して製造されるようになったという一面があるからである。

## 腕木通信――ナポレオンの情報通信技術

戦争がはじまると、戦争に関連する産業が発展することはよく知られていよう。フランス革命・ナポレオン戦争によって、フランスでは、腕木通信が発展した。

腕木通信を発明したのは、フランス人クロード・シャップ（一七六三〜一八〇五年）であった。

腕木通信とは、原理的には手旗信号と同じだと考えてよい。まず、一定間隔ごとに有人の通信塔を並べる。そして、通信塔の屋根に建てた可動式の三本の大きな棒のかたちで通信内容を表す。

発信地点のつぎの通信塔のなかの人は、望遠鏡で棒のかたちを読み取り、棒を操作して、そっくり同じかたちに整える。さらにそのつぎの通信塔でも望遠鏡で見て同じかたちを伝えるという、バケツリレー式のシステムである。より多くの基地をつくれば、さらに距離を延長することが望める。

『腕木通信』(朝日選書、二〇〇三年)を著した中野明によれば、A地点から一〇〇キロメートル離れたB地点を結ぶ場合、八〜一五キロメートル間隔で、一二程度の基地が設けられた。

図3-1　腕木通信の通信塔(写真提供＝Rex/PPS通信社)

腕木通信のシステムは、最盛期には世界中で総延長一万四〇〇〇キロメートルにも達したとされる。フランスではナポレオン以降の復古王政期間にも幹線ルートの通信網の延長が進み、一八四六〜一八四七年のピーク時には、フランス国内だけで腕木通信網総延長は四〇八一キロメートルに到達した。

中野明は自身のウェブサイトで、つぎ

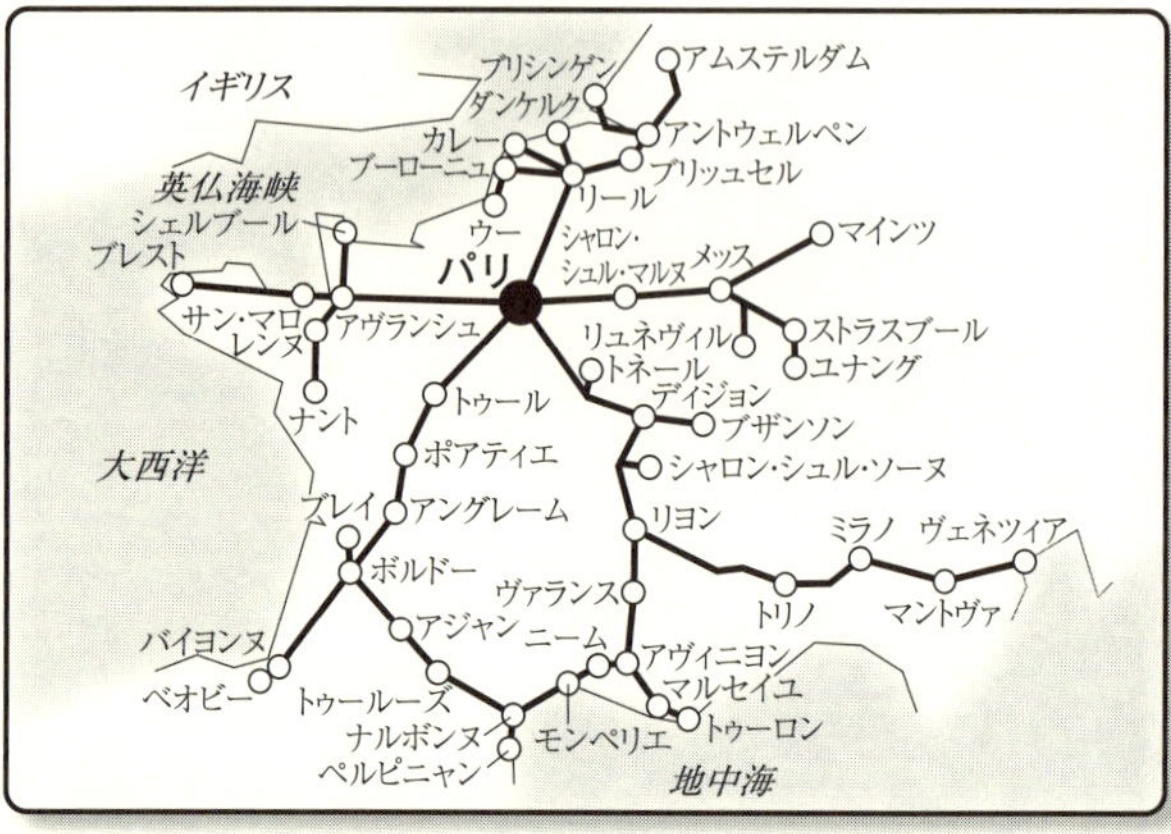


**図3-2　フランスが整備した腕木通信ネットワーク**
出典:『腕木通信』（朝日選書、2003年、21頁）、およびhttp://www.pcatwork.com/semaphore/s003.htmlをもとに作成

のようにいう。

さらに驚くのはそのスピードです。フランスの北西部にブレストという港町があります。パリからこのブレストにはだいたい550㎞の腕木通信線が整備されていました（図3－2参照）。そして、パリから発信された腕木通信の信号は、何とものの480秒後（8分後）にブレストに届いたといいます。これを秒速に直すと1125m／秒。音速が約330m／秒ですから、音速の3倍以上の速さで信号が駆け抜けたことになります。

ちなみに、新大阪～東京間の新幹線の距離は552・6㎞。ということは、新大阪を発進した腕木通信の信号は、わずか8分後に東京に到着していることになります。200年も前にこんな通信ネットワークがあったとは、驚き以外の何者でもありません。出典：http://www.pcatwork.com/semaphore/s003.html

中野によれば、ナポレオン軍が強かった理由の一つは、このように情報通信技術が発達していたからにほかならない。戦争の際、ナポレオンは、手旗信号を使って、最前線での情報を最寄りの腕木通信基地まで送信し、さらにその情報を腕木通信で送信していたのだ。

このように腕木通信で勝利を得たナポレオンであるが、一八一四年に皇帝から退位し、エルバ島に流される。そして周知のように、翌年この島からの脱出に成功するが、その情報は、腕木通信により、フランス政府に届けられていた。そして、ワーテルローの戦いで敗れ、セント・ヘレナ島に流されると、その行動は、腕木通信により監視されたのである。

腕木通信などの視覚による通信システムは、もっぱら政府当局によって、とくに軍事目的のために使われていた。ただし例外的にスウェーデンにおいては、一八一〇年においてさえ、商業目的のために使うことができた。海事情報は、腕木通信によって伝達され、一八三七年から、この事業は料金を取って運営されるようになった。

イギリスにおいては、腕木通信用の基地が、三・三〜一二・五マイル（約五〜二〇キロメートル）間隔で設置された。このシステムは天候に大きく左右されたが、システム自体は、通常は非常によく働いたし、信号が一日中停止することはほとんどなかった。通信は、概して、数分間で全基地の連鎖を通して伝達された。

しかし、問題は、通信塔に常時人間を待機させなければならなかったという点、そして悪天候時には使えないという点にあった。さらに、腕木通信では、どうしても情報に誤差が生じた。

たとえば、一八四〇年代に送受信の成功率を調べたところ、温暖な時期でも、一日に送られたメッセージの三分の二しか届かず、冬季にはそれが三分の一に落ちたといわれる。しかもそのメッセージの内容がまちがっていることも多かった。

つまり、伝言ゲームのような状態は避けられなかった。しかもおそらくこのシステムの維持には、かなりのコストがかかったであろう。より確実に低コストで情報を送ることが必要であった。それが一つのきっかけとなり、電信が誕生したのである。

一八四五年、パリとルーアンのあいだに実験的な電信ラインが敷かれた。翌年、フランス政府は、腕木通信を電気式電信ラインに切り替える決定を下した。一八四六年、ブリュッセル―アントウェルペン間に電信を敷設した。スウェーデンでは、一八五三年から、電気式電信の使用が増え、ロシアでは、モスクワ―サンクト・ペテルブルク間において、一八五八年から使用されるようになった。

## 人類よりも速く

電信の登場は世界に大きなインパクトを与えた。そのことを表した的確な文章を引用してみよう。

キリスト教暦の第二ミレニウムにおいて、大西洋世界の経済に参加しようとする方法は、二回、大きな変化を遂げた。最初の転換は、印刷機が事業に使われるようになったことであった。それ以前には、情報を共有することには、直接的な、さらに個人間の通信が必要であった。それ以降、情報は発信されるようになった。第二段階は電信であった。(John J. McCusker, "The Demise of Distance: The Business Press and the Origins of the Information Revolution in the Early Modern Atlantic World", *American Historical Review*, Vol.110, No.2,2005, pp.295-296)

歴史学研究において、情報が果たした役割は過小評価されているといってまちがいあるまい。実際には、情報が正確に伝わらなければ、戦争で勝利を得ることもできなければ、商売で儲けることもできない。情報は、むしろ歪めて伝えられるのがふつうである。商業史の観点からは、正確な商業情報の入手こそが重要であった。換言すれば、商人や実業家は、より正確な情報を求めて行動する。それが、確実に儲けにつながるからである。

第二章で論じたように、そのための道のりは、非常に長かった。そもそも紙が発明されなければ、文字での情報は伝わりにくい。ヨーロッパに限定して考えてみても、商人は、各地を遍歴して、やがて定住し、取引相手の商人に為替で金を送り、情報を交換するようになる。さらに、商業新聞や各地の取引所での商品価格を書いた「価格表」、通貨の交換に必要な「為替相場表」を発行し、商業情報はプライベートなものからパブリックなものへと変貌を遂げた。すると、商人は市場に参入しやすくなり、経済は成長する。商業を営むうえでのリスクが少ない社会が、近世のヨーロッパで誕生したのである。

そのようなリスクは、電信の誕生により、さらに低下した。一九世紀末に電信網が世界を覆うようになると、多少の差異はあったにせよ、均質の商業情報が、どこでも、同じような価格で、あまりタイムラグなく入手できるようになった。

このように、電信は、世界を根本的に変えた。その影響の大きさは、今日のインターネットの比ではなかったかもしれない。

このように書くと、読者のなかには不思議に思う人もいるだろう。そもそもわれわれは、日常生活で電信を使うことなどないからである。おそらく、銀行振込のとき、「電信決済」を用いることがある程度だろう。そのときでさえ、電信の重要性を理解しているわけではない。

電信によってはじめて、人類が動くよりも速く情報が伝達されるようになった。われわれは、この事実の重みを忘れるべきではない。たしかに、それ以前にも、手旗通信を使ったり、狼煙《のろし》をあげたりして、情報を伝えることはあった。現在でも、ローマ法王の選挙（コンクラーベ）では、法王が決定したかどうかは煙の色で伝えられる。しかし、このような方法では、きわめて限られた情報しか伝えられない。また、視界に入る範囲の情報しか入手できず、雨や霧のために正確な情報を入手できないこともある。それに対し、電信は、はるかに多くの情報を、しかもずっと離れた場所にまで瞬時のうちに伝えることを可能にした。

たしかに、初期の電信が伝えられる情報の量は非常に限られていた。けれども、送られる情報の量は増えていき、電信なしでは、事業活動の遂行自体が不可能になっていった。電信の敷設には、巨額の費用がかかった。一人の商人、一つの商会では到底調達できないほどの金額であった。海底ケーブルの敷設に要する資金を単独で賄えるほどの機関は、国家しかなかった。実際には、イギリスが敷設した海底ケーブルの多くは民間会社の手によるものであった。しかし、もしイギリスが七つの海を支配した帝国でなければ、そもそも敷設自体難しかったと考えられよう。

このような意味で、イギリス政府は世界に張り巡らされたイギリスの情報網の整備に大きく関与することになった。

すなわち、マグヌソンのいう、「国家の見える手」が大きな役割を果たしたのである。

## 電信の発展

電信の発明において、イギリスとアメリカはライバル関係にあった。最終的に勝利したのはイギリスであったが、アメリカ製の電信の発展にも目覚ましいものがあった。

電信のほとんどは、イギリスによって敷設された。だが、少なくとも大西洋の海底ケーブル敷設では、アメリカはイギリスと競争関係にあった。アメリカがイギリスについでヘゲモニー国家となった理由は、電信の発展の時代＝蒸気船の発展の時代に、イギリスにつぐ「情報国家」に発展したことに由来するのかもしれない。

電信の敷設には、巨額の資金が必要であった。海底ケーブルを積載するのは、帆船では到底不可能であり、巨大な蒸気船が必要になった。しかも電信は、世界中に鉄道が敷設されると、ますます重要になっていった。鉄道事業で、運行に必要な情報のやりとりをするには、電信が必要だったからである。蒸気船・鉄道の発達と電信の発達がパラレルな関係にあったのは、この事実に由来する。

## サミュエル・モールス

電信の発明者として有名な人物は、いうまでもなくアメリカ人のサミュエル・モールス（一七九一〜一八七二年）である。しかし、それは正確とはいえず、電信の発明に従事していたアメリカ人は、他にもいた。モールスは、そのなかでももっとも重要な人物となったというのが、正確な表現であろう。

サミュエル・モールスは、マサチューセッツ州チャールズタウン市（現ボストン市チャールズタウン）に生まれ、厳格なピューリタニズムの環境のもとで育てられることになった。

モールスは、イェール大学を一八一〇年に卒業した。イェール大学では宗教哲学や数学を学んだが、彼は絵描きとして世に出ることになった。一八二〇年には、当時のアメリカ大統領であった、ジェームズ・モンローの肖像画を描いた。モールスは、イェール大学のあるニューヘヴンに居住した。

図3-3　サミュエル・モールス

このような彼の人生に方向転換を迫る大きな出来事がおこった。

一八一九年、モールスはルクレチア・ピカリング・ウォーカーと結婚した。ところが一八二五年、彼女が急死したのである。そのとき、モールスは出張中だった。速達で彼女の死を知ったモールスは、慌ててニューヘヴンに戻ったが、すでに葬儀は済んでいた。妻の最期を看取れず傷ついたモールスは、すぐに情報が送られるような社会にしなくてはならないと考え、電信の開発に力を注ぐようになったという。モールスには、電信に必要な知識がすべて備わっていたわけではなかった。しかし、友人の協力により、彼は電信の発明・改良をつづけていったのである。

モールスは、モールス符号を考案したことでも知られる。これは、長短二種の符号の組み合わせで、アルファベットや数字などを表すものであった。この伝達方法は、さまざまな改良を経て、世界に広まることになった。

モールスは、アメリカで認められるには時間がかかったが、ヨーロッパで栄誉を受けるのに時間はかからなかった。たとえばナポレオン三世のイニシアティヴによって、オーストリア―ドイツ電信同盟から、一八五八年、四〇万金フランの賞金を授けられた。

このように、アメリカで電信は発明され、改良されていった。しかし、世界中に電信を張り巡らせたのは、イギリスであった。一九一三年の時点で、世界に張り巡らされた電信の八割ほどが、イギリス製であった。

## クックとホイートストーン

アメリカでモールスが電信を発展させていたのに対し、イギリスでは、ウィリアム・フォザギル・クック(一八〇六～一八七九年)と、チャールズ・ホイートストーン(一八〇二～一八七五年)が中心になり、電信を製造した。

クックは、解剖学の教授を父として生まれ、エディンバラ大学で教育を受けた。インドで軍人として活躍したあと、パリ大学とハイデルベルク大学で解剖学を勉強した。一八六三年三月に、クックはシリング・フォン・カーンスタットが発展させた針式電信機の複製のデモンストレーションを見た。さらに別の模倣品をつくり、一八三六年四月に持って帰った。クックは鉄道会社と契約し、リヴァプール・マンチェスター鉄道会社から電気電信の試し注文を獲得した。彼は多くの困難に直面したので、ホイートストーンに一八三七年二月二七日に助言を求めた。

チャールズ・ホィートストーンは、グロースターに生まれ、一八三四年にロンドン大学のキングズカレッジの実験物理学の教授になった。彼は、電気の伝播速度を決定する有名な測定を実演した。このように、ホィートストーンには電気に関する専門的知識がじゅうぶんに備わっていた。クックは、その専門知識に頼ろうとしたのである。クックがホィートストーンと契約したときには、金属線による信号伝送の可能性を考慮するようになっていた。

クックとホィートストーンは、五針式電信をつくった。五個の磁針を設置して、そのなかの二個に電流を正方向ないし逆方向に流すものである。そのため、磁針の方向が交差する点の文字が相手側に伝わり、文字を伝えることが容易になったのである。

二人は、一八三七年六月一二日に特許を申請し、その特許は一八四一年に認められた。これが、イギリス最初の電気電信の特許だった。

クックとホィートストーンは、一八三七年七月二五日に、ユーストン―カムデンタウン間で約二キロメートル敷かれた新しいロンドン―バーミンガム鉄道の鉄道軌道の管理官に五針式電信の実物宣伝をした。

この会社の管理官たちは、この結果に説得されなかったが、グレート・ウェスタン鉄道

（一八三三年に創設され、当初はロンドン―ブリストル間を結んだ）の管理官たちはもっと進歩的であった。彼らは、クックとホィートストーンにパディントン―ウェスト・ドレイトン間の二一キロメートルに電信を敷設することを依頼した。世界最初の電気電信ラインが、一八三九年七月九日に操業を開始した。

当初は六本の電線を用いた五針式で、管に入れられた。しかし、絶縁体が急速に劣化した。これは高価なだけではなく、信頼性が乏しかったので、クックとホィートストーンは電線の数を減らした。彼らは、二本の電線で足りる一針の電信を発明した。

クックとホィートストーンは、四つのユニットからなる信号を発展させ、アルファベットを信号にして使用した。さらに、例えば「H」を送りたいときには、左―左―右―右という順に針を曲げた。

一針の電信は、パディントンからウェスト・ドレイトンの路線が、一八四三年にロンドン郊外のスラウにまで延長されたときに使用され、それに成功した。一八四五年には、一針電信の特許が取得された。この電信システムは鉄道で大規模に使用され、一九世紀末になっても、約一万五〇〇〇器が使用されていた。

クックとホィートストーンは、さらに、ポインター電信を開発した。文字と数字が、ダイヤルによって決められることになった。特定の記号が送り主によって送信されると、受け取る側のポインターは、選ばれた記号を示すように動いたのである。

一八六〇年代になると、クックとホィートストーンは、また別のポインター電信を開発した。これはＡＢＣポインター電信と呼ばれ、それには、一つのユニットでラインが流れるように送信機、受信機、クランク発動機が含まれていた。一九二〇年になっても、ロンドンだけで約一五〇〇器のＡＢＣポインター電信が作動していた。

イギリスの鉄道会社は、つぎつぎに電信を導入していった。すでに述べたグレート・ウエスタン鉄道以外にも、続々とクックとホィートストーンの電信システムを導入した。一八五〇年の段階で、イギリスの鉄道総延長キロ数は一万二〇〇〇キロメートルであったが、電信が敷設されているのは三六〇〇キロメートルになった。

イギリスのエレクトリック＆インターナショナル電信会社は、一八六八年において、イギリスの電信市場のほぼ六〇パーセントを握っていた。主要な競争相手であるブリティッシュ＆アイリッシュ・マグネティック電信会社でさえ、その半分の規模であった。

図３－４は、一八六八年時点におけるイギリス国内における電信局の位置を示したものである。イングランドを中心として電信が広がっていたことがうかがえる。

イギリスの電信は、私企業によってつくられていた。しかし、実際にはカルテルが結ばれていた。商人集団などのグループが先頭に立って、国有化運動をした。その結果、一八六八年に電信法が公布され、一八七〇年二月になると、郵政省が電信事業を受け継ぎ、国内では国有化された。ただし、海外においては、私企業が電信を敷設した。

国有化により、電信システムの利益率は低下したが、電信ネットワークを人びとが容易に利用できるようになった。そして、メッセージを送る費用は大きく低下し、メッセージ数は二年間で二倍になった。

**図3-4　1868年時点におけるイギリス国内における電信局の位置**

出典：Roland Wenzlhuemer, *Connecting the Nineteenth-Century World: The Telegraph and Globalization*, Cambridge, 2015, p.179.

## 世界に延びる電信網

英仏海峡で海底ケーブルを敷くために、当初は電信線を麻で何重かに巻き、それにタールを染み込ませて海水の浸透を防ごうとしたが、すぐに使えなくなった。絶縁性が確保できなかったからである。それを解決したのが、マレーシア原産で熱帯の木から産出されるガタパーチャというゴムに似た固体の素材であった。現在では、もっとも頻繁に使用される歯科用材料でもある。この材料は、シンガポール経由でイギリスに持ち込まれた。ガタパーチャは、海底の高い圧力のなかでも、低温の海中でも、ゴムと違って長年にわたり可塑性があった。そのため、海底ケーブルで使われることになったのである。

永続的なケーブルが敷設された一八五一年には、英仏海峡を海底ケーブルで結びつけることができた。そしてイギリスとアイルランドを結びつけた。それは、ガタパーチャを使用できたからである。

一八五一年、イギリスのドーヴァーとヨーロッパ大陸のオーステンデ（ベルギー西部）が結びつけられた。イギリス―オランダ間、イギリス―ドイツ間のケーブルも敷かれた。一八五七年には、オランダ、ドイツ、オーストリア、サンクト・ペテルブルクと電気による通信がなされた。地中海では、フランス・イタリア政府のためにいくつかのケーブルが敷かれた。

しかし、大西洋海底ケーブルはなかなか敷設できなかった。そもそも大西洋の水深は、平均で四〇〇〇〜五〇〇〇メートルに達するほど深い。巨大な蒸気船を使わなければ、海底ケーブルは敷設不可能である。大西洋ケーブルの敷設には、イギリスとアメリカが協力した。

大西洋横断ケーブルを敷設しようという最初の試みは、一八五七年になされたが、なかなか成功せず、通信可能な大西洋横断ケーブルが敷設されたのは、一八六六年七月のことであった。

アジアに目を向けると、イギリスとインドとの貿易は、一六〇〇年に創設された東インド会社が、一八一三年に至るまで独占していた。一方でイギリス政府は、地中海とスエズを経由してインドに至る事業として、P&O（Peninsular and Oriental Steam Navigation Company）と契約を結んだ。その事業は一八四〇年頃から徐々に拡大していった。P&Oは、アジアとのネットワークを目覚ましく拡大していった。

インドとの最初の電信による通信伝達は、一八六四〜六五年のことであった。バグダード経由で、コンスタンティノープルからファーウ（現在のイラク）につながるトルコ政府のラインに接続した。さらにファーウから、イランのブーシェフルとジャスク経由でカラチに到着する沿岸のケーブル（ペルシア湾ケーブル）を敷設した。

一八七二年には、インドルートの四つの会社が合併してイースタン電信会社が創設された。この会社は、イギリス帝国政府がバックアップして、シンガポール、香港、オーストラリア、ニュージーランドまでの電信線を手中に収めることになった。

一八七二年には、オーストラリアは電信によって本国と結びつけられ、近代的なシステムがようやくオーストラリアに到着することになった。

そして、大北方電信会社が、デンマーク・ノルウェー・イギリス電信会社、デンマーク・ロシア電信会社、そしてノルウェー・イギリス海底電信会社の三社合併により、一八六九年に設立された。

同社は、サンクト・ペテルブルクからウラジオストックまでの電信を敷設することに挑戦した。陸上ラインはさらに、海底ケーブルと結びついて、一八七一年には、上海、長崎、廈門《アモイ》、香港にまで電信網を延ばした。同年、日本にも電信が敷設された。大北方電信会社によって、上海とウラジオストックから、長崎へと電信が敷設されたのである。

一九世紀最後の一〇年間に、さまざまなケーブル・システムがつながれることになった。アメリカとアフリカ、アフリカとオーストラリア、そして最後に太平洋がつながれたのである。

一九〇二年に、太平洋ケーブルボードが、オーストラリアとニュージーランドに海底ケーブルを敷設した。そして、一九〇三年には、サンフランシスコからホノルルを経て、マニラへとケーブルをつないだ。これで、世界中が電信で結ばれることになった。

## 電信のルートと近世の貿易商人ルート

電信の発展はそのまま、ヨーロッパのアジアへの拡大を反映する。図3－5は、世界の電信のネットワークを示した地図である。

このルートでの交易に従事していた商人は、多種多様であった。すなわち電信のルートは、近世において異文化間交易に従事していた商人のルートを継承したものであり、ここに近世と近代の大きな連続性が見られる。

ヨーロッパ、とりわけ地中海の海底ケーブルは、イタリア商人とムスリム商人の貿易ルートに沿っていた。スエズ地峡からインドに到達する海底ケーブルは、ムスリム商人の貿易ルートに、インドから東南アジアまでの海底ケーブルは、インド商人、ヒンドゥー教徒、アルメニア人および東南アジアのさまざまな商人の貿易ルートに沿っていた。

ロシアからウラジオストックまでは、もともとはアルメニア商人、シベリア（イルクーツク）商人、ヤクーツクの商人を含むロシア商人の商業ルートであったと考えられる。上

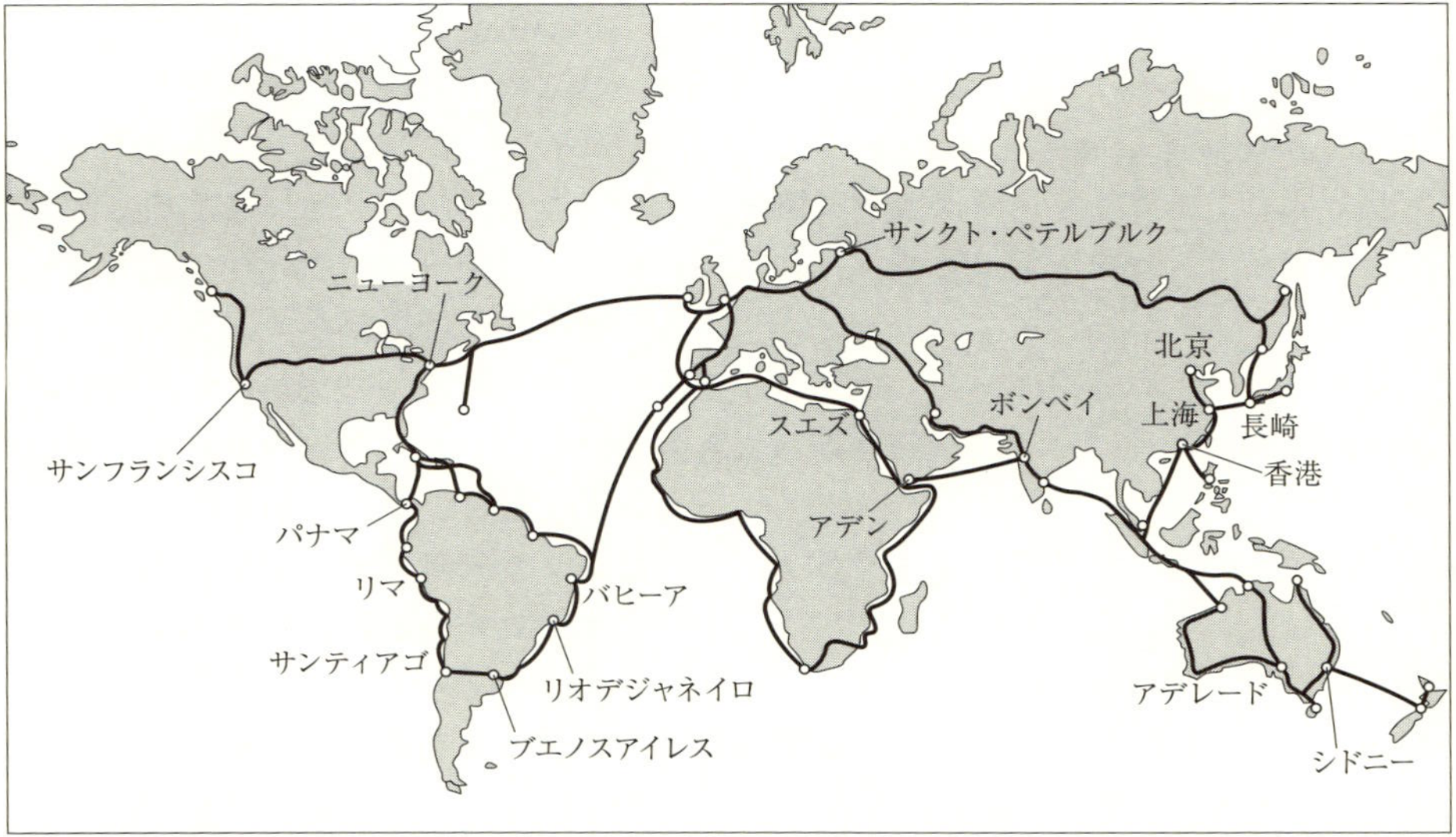


図３－５　1891年時点での電信網

海と香港のあいだは海底ケーブルで結ばれたが、これは元来中国商人、華僑、さらには東南アジアのさまざまな商人が利用していた商業ルートであった。

電信は、近世の国際貿易商人によって利用されたルートを、天然の障害により敷設不可能な地域をのぞけば、ほぼそのまま利用し、それがイギリスの世界制覇につながったのである。

イギリス帝国は、世界史上最大の帝国であった。そのため、帝国に含まれる異文化の数も、きわめて多かった。これほど巨大な異文化間交易圏を維持するには巨額の軍事費がかかった。もともとは緩い紐帯《ちゅうたい》でしかなかった異文化間交易のルートは、近世のあいだに徐々に強められ、近代になると電信、とりわけ海底ケーブルによって一体化した。イギリスは、自分たちが開拓したルートよりはむしろ、他の国々、とりわけポルトガル人が開拓したルートを使って、みずからの支配領域を拡大したのである。

電信、とくに海底ケーブルを使い、海をたどることで、世界が一体化していった。

## オーストラリアまで一・八日――海底ケーブルの発展

図3－6、図3－7、図3－8は、ロンドンを出発点とする海底ケーブルの発展を示したものである。

一八五〇年の時点では、海底ケーブルはまだイギリス近辺にしかなかったことがわかる。しかし一八七〇年になると、大西洋海底ケーブル、インド洋海底ケーブルが敷設され、さらにインドから東南アジアにまで及んだ。一九〇〇年になると、オーストラリアにまで電信がつながる。

そして、オーストラリア南東部からの情報伝達時間は、電信以前には一一五日間ほどもかかったのに、一九〇〇年の時点では、一・八日間にまで縮まったのである。

イギリスは、電信の開発以前にもすでに世界的な帝国を築いていた。しかし、その紐帯は、決して強いものではなかった。イギリスが帝国化していたおかげで、ガタパーチャが入手でき、海底ケーブルが敷設され、イギリス帝国の紐帯は強まった。イギリス帝国は、かなり短時間のうちに、情報をやりとりすることができた。イギリス帝国は、電信によって強く結びつけられたのである。

## Punchから見たイギリス帝国の拡大

ここで、イギリスの雑誌Punchからとった三つの諷刺画を使いながら、電信の拡大がイギリスに与えた影響について見てみたい。

図3－9の諷刺画では、治安判事が電信を使って、犯人を逮捕する様子が描かれてい

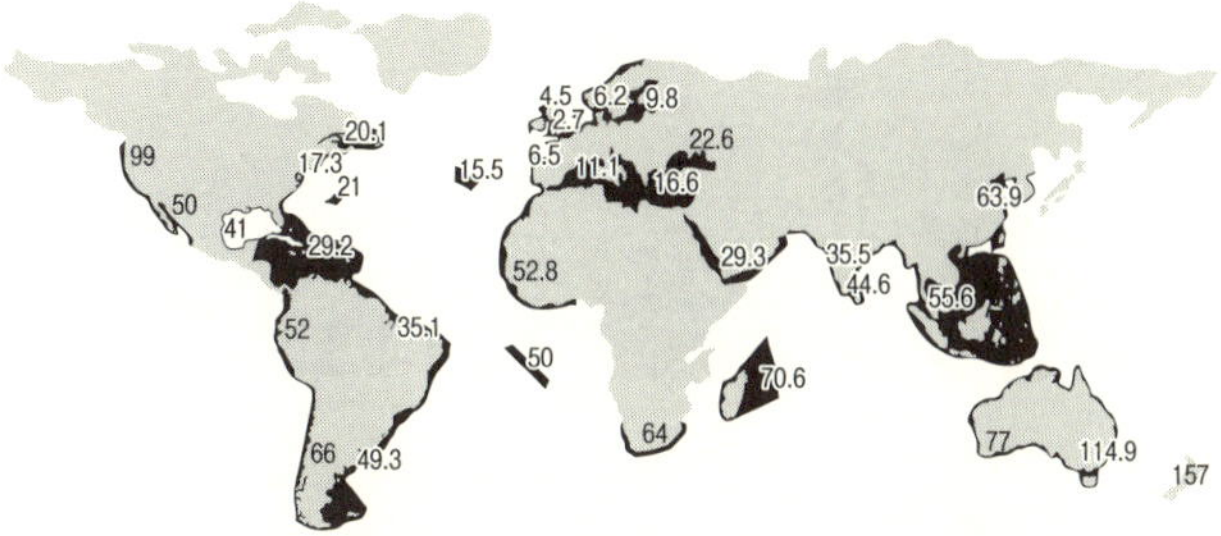


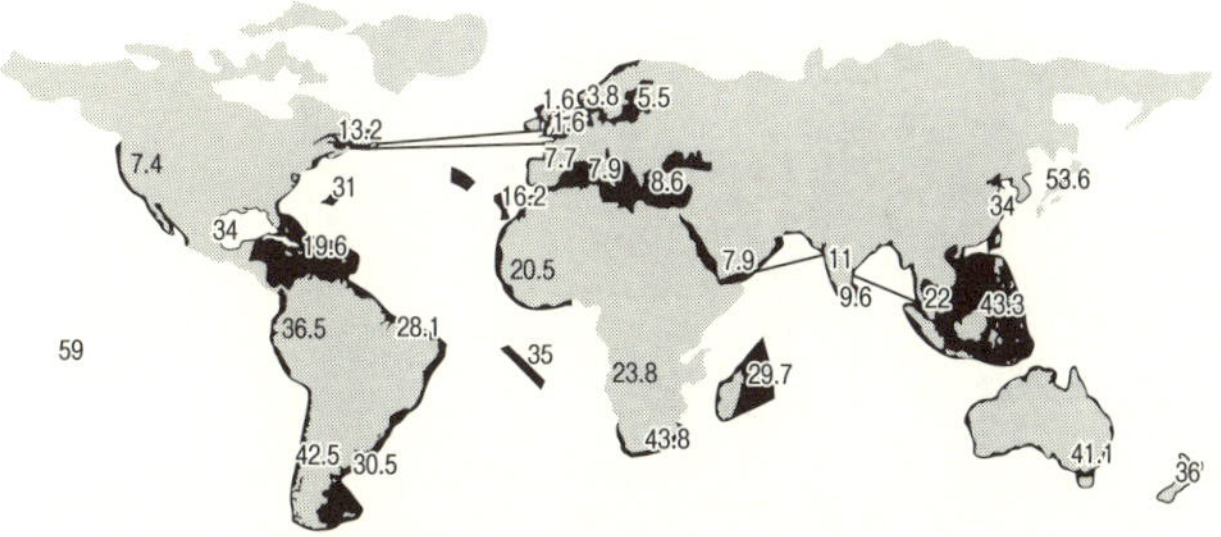


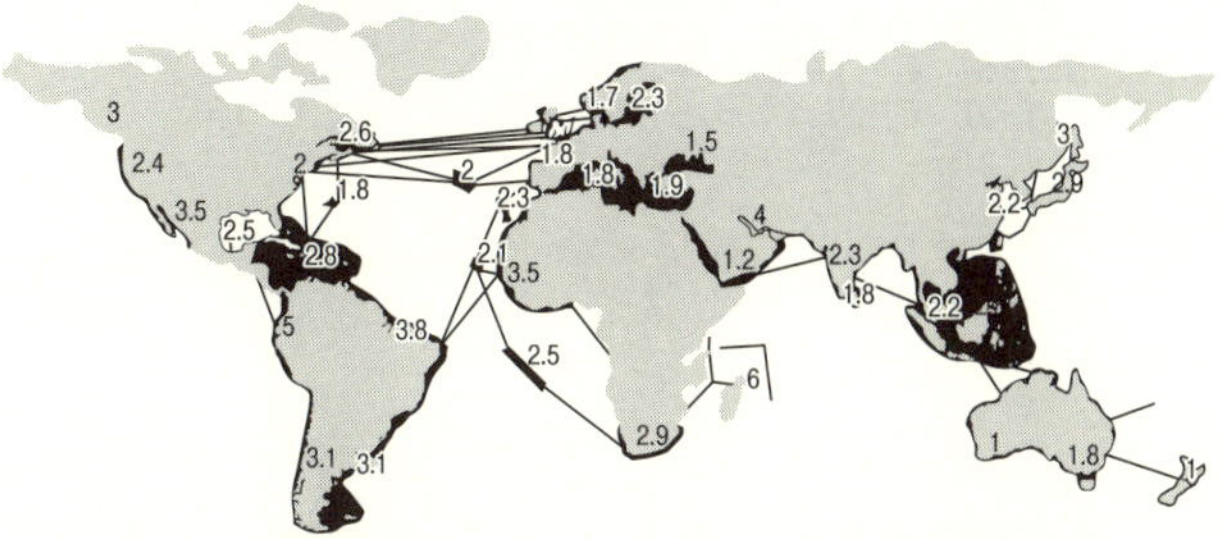


（上）図３-６　海底ケーブルネットワークとロンドンへの通信日数（1850年）
（中）図３-７　　　同上（1870年）
（下）図３-８　　　同上（1900年）
出典：Roland Wenzlhuemer, “Globalization, Communication and the Concept of Space in Global History”, *Historical Social Research*, Vo.35, 2010, pp.33-35. をもとに作成

（上）図3-9　速くて確実、1849年
（下）図3-10　双生児になったイギリスとフランス、1851年

る。イギリスの電信網を利用すれば、犯人に関する情報がイギリスじゅうに直ちに広まり、犯人逮捕ということが、すでにこの頃に実際にあったかもしれない。少なくとも、その可能性をこの諷刺画は示唆している。

ただし、この頃は、まだ電信はイギリス国内にとどまっていたこともわかる。

図3－10は、英仏海峡がイギリスの電信によってつながれたことを意味する。この時点ではまだ、イギリス製電信は、ヨーロッパ大陸に渡った

ばかりである。

それに対し、図3－11は、「ロドスの巨像」と呼ばれる。電信がケープタウンからカイロにまでつながり、情報の伝達時間が、いかに短縮されたのかを示すばかりか、アフリカがイギリスのものになったことを誇らしげに伝えているように見える諷刺画である。

一九世紀後半から二〇世紀初頭にかけてイギリスが推進した帝国主義政策は3C政策と呼ばれ、カイロ（Cairo）、ケープタウン（Cape Town）とカルカッタ（Calcutta）を鉄道で結ぶ植民地政策を意味した。しかし、鉄道だけではなく、電信でも結ばれていたのである。

図3-11　ロドスの巨像

**縮まった世界と電信**

すでに述べたように、帆船の航行スピードは、蒸気船に

| 年 | 情報伝達の手段 | 情報伝達の日数　年平均 |
|---|---|---|
| 1820 | ファルマス郵便用帆船 | 62.2日間 |
| 1850 | ファルマス郵便用帆船 | 51.9日間 |
| 1851 | ロイヤルメール　蒸気船 | 29.7日間 |
| 1859 | ロイヤルメール　蒸気船 | 25.2日間 |
| 1872 | ロイヤルメール　蒸気船 | 22.0日間 |
| 1872 | イギリスからリスボンへの電信とリオデジャネイロへの蒸気船 | ～18日間 |
| 1875 | 電信 | ～1日間 |

**表3-1　ブラジル（リオデジャネイロ）─イギリス（ファルマス／サザンプトン）間の帆船・蒸気船・電信による情報伝達の日数**
出典：S＝R・ラークソ著（玉木俊明訳）『情報の世界史──外国との事業情報の伝達 1815-1875』知泉書館、2014年、379頁、表63から作成。～は、推測

じゅうぶんに匹敵するほどであった。帆船と蒸気船の差異は、スピードではなく、むしろ、航海の確実性であった。帆船は、風向きがよいと速く航海できたが、風がなかったり、逆風だったりすると、スピードは出ない。それに対して、蒸気船のスピードは、あまり風によって左右されなかった。

　帆船から蒸気船への移行は、一九世紀のうちに徐々に起こったと思われるかもしれない。しかし実際には、それは一八五〇年代に突然起こった。

　表3－1は、一八二〇年代から七〇年代にかけて、ブラジル（リオデジャネイロ）－イギリス（ファルマス／サザンプトン）間で情報伝達速度の変化が目を見張るほど大きかった理由を示す。航海時間が大きく減少したのは、一八五〇年代であったことがわかる。平均して航海日数が一〇日間短縮された。帆船における航海時間の短縮である。

　さらに一八五一年、帆船から、蒸気船に変わったことで状況は大きく変わる。リオデジ

ヤネイロからファルマスまで郵便用帆船が航海するのに五二日間必要だったのに対し、蒸気船であれば、三〇日間はかからなかった。短縮された日数で計算するなら、一八七五年に海底ケーブルが敷設されたとき以上の突然の変化であった。最終的には、電信の誕生により、情報伝達の日数は、たった一日にまで短縮された。

帆船から蒸気船になり、やがて電信に通信手段が変化することにより、情報伝達のスピードは大きく改善された。

情報伝達において、革命的な変化であった。

## 「シャーロック・ホームズ」のなかの電信

電信は、イギリス人の生活に身近になっていった。たとえばコナン・ドイルの作品「シャーロック・ホームズ」にも、電信は登場する。

ついに、歓声をあげて椅子から飛び上がったホームズは、手をこすり合わせながら部屋じゅうを歩き回った。そして、海底電信《ケーブル》の用紙に電文をながながと書きつけるのだった。

（中略）

しかし、電報の返事はいっこうに届かない。呼び鈴の音がするたびにホームズが耳をそばだてるという、やきもきさせられる日が二日も続いた。（中略）「では、朝食を早めにして、朝いちばんの列車に乗ろう。どうしてもぼくたちがいなくては。おや、待ちかねた海底電報の返事のようだぞ。（中略）」

（アーサー・コナン・ドイル著、日暮雅通訳「踊る人形」『シャーロック・ホームズの生還』光文社文庫所収、二〇〇六年、一〇九〜一一〇頁）

この作品からは、海底ケーブルを使った海外への電報の使用が珍しくなかったこと、さらに、その返事には少し時間がかかったことがうかがえる。それでもなお、電信の発明以前よりは、はるかに速く情報が届いているのは、表3－1が示す通りである。電信は、イギリス人の生活にじゅうぶんに根づいていたのである。

## 無線電信の世界

有線による電信は、一般化された。しかし、それだけでは電信により情報を伝達できる範囲は大きく限られてしまう。もし無線電信の開発に成功すれば、世界のどこにでも電信によって情報を伝達できるようになる。

無線電信の発明者は、イタリア人のグリエルモ・マルコーニ（一八七四〜一九三七年）であった。マルコーニは、一八九五年、イタリアのボローニャで、二・四キロメートルではあるが、無線電信を送ることに成功した。しかしイタリアの郵便省は、マルコーニの発明の将来性を認めなかったので、マルコーニはイギリスに渡った。

マルコーニには、イギリスの郵政省が協力した。さらに、イギリス海軍・陸軍が無線電信に興味を持った。一八九七年には一九キロメートルの距離を無線で電信を送ることに成功した。

マルコーニは、やがて「フレミングの法則」で有名なフレミングの知遇を得る。一九〇一年になると、フレミングがイギリス南部コーンウォールのポルジュから無線を送り、マルコーニが三五〇〇キロメートル離れたカナダのニューファンドランドでの受け取りに成功するが、すべての信号が聞き取れたわけではなかった。翌一九〇二年、世界ではじめて、無線電信によって、テキストのすべての伝達に成功する。一九〇三年には、イギリス国王エドワード七世とアメリカ大統領セオドア・ルーズヴェルトが挨拶を交わすことで、イギリス－アメリカ間の無線電信が開始された。

マルコーニは、一八九七年、マルコーニ社を創設し、ボーア戦争を戦っていたイギリス陸軍に、無線機を提供した。一九〇三年に、海軍省は、マルコーニ社を以後一一年間、唯一の無線機供給先として指名した。

一九〇一年、マルコーニの中継基地は、ベルギー、イギリス、カナダ、アイルランド、イタリアなどで開設された。マルコーニは、マルコーニ製の無線を使っていない無線基地との通信をしないよう、交換手たちに命令していた。マルコーニは、無線電信における独占的地位を狙っていた。

しかしマルコーニ社が無線電信で独占的な地位を占めるのは、アメリカやドイツやイギリスが本格的な競争相手になってきている以上、不可能であった。たとえばアメリカでは、AT&T社などが、マルコーニ社の地位を脅かしはじめていた。

## ロイターの活躍

ドイツ人のポール・ジュリアス・ロイター（一八一六〜一八九九年）は、もともとユダヤ教徒であったが、一八四五年にロンドンに移住したのち、キリスト教に改宗した。このように、外国から移住した人間が経済や商業に貢献したことが、イギリスの大きな特徴であった。

ロイターは、電信を使った情報伝達の重要性を最初に理解した一人であった。一八五〇年には、ドイツのアーヘンに、新しい代理店をつくった。そこから、電信によるコネクシヨンが、ベルリン、ブリュッセル、パリにまで拡大された。

ロイターは、一八五一年には、ロンドンの証券取引所の近くに電信事務所を開設した。当初は電信はほぼ商業用に限られていたが、やがて新聞にも使いはじめた。そして電信事業を、ロンドン、パリ、ベルリン間で、最初の海底ケーブルを用いておこなうようになった。ロイターはさらに電信を使って、政治経済に関係するニュースを売ったのである。

ロイターの活動は、ヨーロッパ内部にとどまらなかった。フランス大西洋横断ケーブル会社を共同で設立し、一八六九年には、グレート・イースタン号によって、三番目の海底ケーブルを敷設した。ロイターの活動は、文字通り世界中に広がり、やがて世界的通信会社になった。

それは、電信の持つ潜在力に気づいたからであった。ロイターの活躍もあり、世界の多くの商業情報がイギリスに集まったばかりか、イギリスは、世界に向けての多様な情報の発信地となっていった。

**イギリスの資本流通**

表3－2は、イギリス経済史家ブレジスが作成した、イギリスの貿易とサービス額を示す。驚くべきは、イギリスの貿易収支が黒字であったことは一七一〇～一九〇〇年におい

| 年度 | 貿易収支 | 海運業からの純収入 | 保険など | 貿易による利益 | サービスによる収入 |
|---|---|---|---|---|---|
| 1710 | −0.13 | 0.50 | 0.00 | 0.57 | 1.07 |
| 1720 | −1.83 | 0.70 | 0.00 | 0.55 | 1.25 |
| 1730 | −2.76 | 0.90 | 0.10 | 0.64 | 1.64 |
| 1740 | -2.28 | 1.20 | 0.15 | 0.62 | 1.97 |
| 1750 | 0.48 | 1.50 | 0.23 | 1.13 | 2.86 |
| 1760 | −2.36 | 1.80 | 0.29 | 1.32 | 3.41 |
| 1770 | −4.44 | 2.80 | 0.29 | 1.14 | 4.23 |
| 1780 | −3.82 | 3.20 | 0.26 | 1.06 | 4.52 |
| 1790 | −10.14 | 4.20 | 0.45 | 1.79 | 6.44 |
| 1800 | −10.24 | 5.20 | 0.73 | 2.92 | 8.85 |
| 1816 | 1.60 | 9.00 | 2.90 | 5.70 | 17.60 |
| 1820 | −9.60 | 8.40 | 2.50 | 5.10 | 16.00 |
| 1830 | −14.30 | 7.90 | 2.50 | 5.00 | 15.40 |
| 1840 | −32.90 | 12.60 | 3.80 | 7.60 | 24.00 |
| 1850 | −23.20 | 14.20 | 4.70 | 9.30 | 28.20 |
| 1860 | −52.40 | 27.70 | 9.40 | 18.80 | 55.90 |
| 1870 | −65.50 | 45.70 | 13.70 | 27.40 | 86.80 |
| 1880 | −130.00 | 60.00 | 15.70 | 31.40 | 107.10 |
| 1890 | −96.80 | 60.60 | 16.90 | 33.70 | 111.20 |
| 1900 | −178.60 | 68.50 | 17.50 | 35.10 | 121.10 |

**表3-2　イギリスの貿易とサービス額（単位：100万ポンド）**
出典：Elise S. Brezis, “Foreign capital flows in the century of Britain’s industrial revolution: new estimates, controlled conjectures”, *Economic History Review*, Vol.48. No.1, 1995, p.49から作成。

て、ほとんどなかったことである。「世界の工場」といわれ、綿織物工業によって世界最初の工業国家になったイギリスであったが、貿易収支から見るかぎり、それはイギリス経済に大きなプラスを与えてはいないのである。

さらに一九世紀後半以降、海運業からの純収入、保険や貿易による利益、サービスによる収入が多く増えていくことがわかる。

一九世紀のイギリスは、いうまでもなく世界最大の海運国家であった。そのためイギリスの海上保険は、大きく発展することになった。そして、サービス部門の収入のうち、イギリスが他国を圧倒していたもっとも重要な部門として、電信が考えられる。残念ながら、その具体的数値はわからないが、電信の手数料収入は、かなり大きかったのではないかと推測される。

イギリスはたしかに産業革命によって世界を変革した。しかし、イギリスをヘゲモニー国家たらしめたのは、工業製品の輸出ではなく、貿易外収入であった。

では、イギリスのヘゲモニーはどのようなシステムによって構築されていたのだろうか。

## 電信というイギリスの構造的権力

一八一五年にイギリスがヨーロッパ経済のヘゲモニーを握ると、ヨーロッパの金融の中心は、ロンドンになった。イギリスはこれ以降より積極的に海外進出をし、やがて一八七〇年頃には、世界経済のヘゲモニーを握る国になった。この流れは、電信の敷設とパラレルな関係にあった。さらにイギリスの採用にともなって、世界の多くの地域で金本位制が採用されることになった。

一九世紀後半に発展した電信は、経済のゲームのルールを決定するもっとも重要な武器となった。産業革命によって工業製品を輸出できただけではなく、電信によってイギリスの世界支配＝ヘゲモニーが完成することになった。「異文化間交易」という用語の発明者であるフィリップ・D・カーティンは、異文化間の媒介者は人間だと考えていたが、電信に変わったのである。

しかもイギリスは電信の使用で巨額の手数料収入を得た。

一九一三年の時点で、その電信の八割を敷設していたのがイギリスであった。イギリスは、電信をメンテナンスして維持しさえすれば、確実に儲かるシステムを形成していったのである。

イギリス経済は金融面で他の追随を許さなかった。電信網が発達しなかったなら、イギリス帝国の統治システムは非常に非能率的だったはずである。いや、イギリス帝国は一体として機能しなかったかもしれない。

世界の多くの地域が経済成長したとしても、その経済活動でイギリス製の電信が使われたので、イギリスはじゅうぶんに儲かる手数料を獲得できるしくみができあがっていった。イギリス以外の国が取引する場合でも、イギリス製の電信、船舶、さらには保険がもちいられ、ロンドンの金融市場で決済された。

しかも、鉄道の情報のやりとりに、電信が使われた。イギリス製の鉄道ではなくても、情報のやりとりに必要な電信の多くの部分は、イギリス製であった。そのために鉄道の発達によっても、イギリスに手数料収入が入ってくるシステムが構築されたのである。

一八七〇年頃になると、イギリスは世界第一位の工業国家ではなくなり、世界の工場としての地位を、ドイツやアメリカに譲った。だがその一方で、イギリスは世界最大の海運国家であり、この二国の工業製品の少なくとも一部はイギリス船で輸出され、イギリスの保険会社ロイズで保険をかけたことを忘れてはならない。だからイギリスは、たとえ工業生産では世界第一位の国ではなくなったとしても、何も困ることはなかった。むしろ、世界の他地域の経済成長が、イギリスの富を増大させることにつながったのである。

電信こそ、イギリスの「構造的権力」、さらにはヘゲモニーの象徴であった。しかも電信は、シャーロック・ホームズにさえ登場するほど、イギリス人にとって身近なものであった（ただし、あとで論じるアメリカの電話とは異なり、家庭で使われたわけではない）。

また、以前なら、アジアのある都市から振り出された手形は、何十日、あるいはそれ以上かけなくてはロンドンで引き受けることができなかった。しかし電信によって、二、三日のうちにロンドンで引き受けられるようになった。さらに、ロンドンを経由しないで、第三国間で直接取引できるようになった。そのうえ、イギリス系国際銀行を中核とし、多角決済システムの成立さえ可能にした。そのため、イギリス系国際銀行の資産総額は、国内の銀行よりも速く成長することになった。

オランダがヘゲモニーを握った時代であった近世に、国際貿易商人の情報ネットワークに国家があまりかかわらなかったのは、数名の商人では到底資金を調達できないようなインフラを構築する必要がなかったからである。たしかに、イギリスの海外の電信を敷設したのは、グレート・イースタン号を所有するような私企業であった。しかし彼らが海外で活躍できたのは、イギリスの大艦隊があったからである。イギリスの帝国が政治的のみならず、経済的にも保護したのである。

イギリスは、すべてがイギリスの利益になるようなパッケージを作り上げ、その中核に位置したのが電信であった。

コストは高かったとしても、電信は、重要な帝国内部の情報を送ることができた。イギリス帝国の一体化に大きく寄与したのである。さらに電信は、商業情報の確実性を非常に大きく増加させた。

　イギリスは、すべての富を自国のために利用できるシステムを構築した。しかし、イギリスが独力で成し遂げたわけではなかった。イギリスは、マラッカの一部やシンガポールなど、ポルトガルが所有していたいくつかの領土を自国領にした。そもそもイギリスが金本位制を採用したのは、一七〇三年にポルトガルと結んだメシュエン条約の結果、ブラジルの金がイギリスに流入したからである。

　イギリスは帝国化したからこそ金本位制を採用でき、電信を発明したからこそ世界金融の中心となり、ヘゲモニーを握ったのである。

　電信が発達したため、商業慣行が国際的に統一化される傾向が生み出され、取引費用は著しく低下したと推測される。

　また、情報が国家機構を使って流れるかぎり、商人は、その情報を利用せざるをえず、国籍を意識しない無国籍商人ではいられなくなる。近世の国際貿易商人が「無国籍」であったのに対し、国家を意識する近代の国際貿易商人は「多国籍」となった。近世のヘゲモニー国家オランダは国家権力が弱かったのに対し、近代のヘゲモニー国家イギリスの国家権力は強かった。

　イギリスは世界最初の工業国家であった。アフリカ西岸から新世界に奴隷を運び、彼らに綿花を生産させ、それを自国船で本国に持ち帰り完成品の綿織物とし、インドとの競争に勝ち、世界市場で販売した。その重要性は否定すべくもない。

付け加えるべきは、この行程の多くでイギリス船が使用されたことである。だが、そのためにゲームのルールを決定し、ヘゲモニー国家になったとは思われない。すべての地域がイギリスの命令に従うには、イギリスが世界金融の中心となり、ほとんどの国際貿易の決済がイギリスの金融市場を通じておこなわれる必要があった。イギリスは、それにより膨大な手数料収入を得た。国際経済は、イギリスを中心にまわるようになった。いや、正確にいえば、すでに中心となっていたイギリスの力が、さらに強大になったのだ。イギリスのヘゲモニー力は、オランダだけではなく、次章で述べるアメリカのそれも大きく上回った。

## イギリスの没落

イギリスは、世界中に植民地を持つヘゲモニー国家であった。そのために、世界中の紛争に巻き込まれる可能性がきわめて高かった。この帝国を維持するには、巨額の軍事費の支出が必要とされた。武器が高度化し、その費用が膨大なものになると、イギリスは帝国を維持するための支出を調達するのがだんだんと困難になっていったと考えられる。戦費は大きく増加し、金準備額は減少した。

二度の世界大戦は、イギリスの軍事費をさらに増加させた。そもそもイギリスは島国であり、他国から攻撃される可能性は低かった。しかし、第一次世界大戦によって空爆を受け、第二次世界大戦ではさらに空爆による被害は広がった。イギリス本国は、攻撃を受ける対象に変わっていった。

第一次世界大戦が終了すると、アメリカの金融街であるウォール街が台頭し、ロンドンの金融街のシティは、世界金融の中心とはいえなくなってしまった。この大戦の影響で、世界の国々が金本位制を停止し、イギリスのヘゲモニーの基盤は大きく崩れた。一九二五年には、インフレーションがあったにもかかわらず、旧平価で金本位制に復帰したため、ポンドが高く評価されすぎ、輸出ができず、国内は不況になった。そのため、一九三一年に金本位制はふたたびストップし、イギリスを中心とした金本位制は最終的に機能しなくなった。

第二次世界大戦後はアメリカの金保有額が圧倒的に多く、そのアメリカを中心とする金本位制が構築された。ロンドンが世界金融の中心でなくなった以上、イギリスのヘゲモニーの最大の支柱が崩壊し、イギリスのヘゲモニー回復は不可能になってしまった。

# 第四章

## アメリカのヘゲモニー
## ——なぜ栄えなぜ滅びたか

## アメリカはなぜヘゲモニーを獲得したか

オランダは、活版印刷術の普及によってヘゲモニーを握った国である。その国制はかなり地方分権的であり、商人は、自由にオランダに流入し、オランダから出て行った。オランダは、「商人の共和国」であった。

それに対しイギリスは、「国家の見える手」によってヘゲモニーを握った。イギリス国家は自国経済の成長に大きくかかわり、経済を成長させた。そして、イギリス経済の最大の武器は電信であった。ヘッドリクが「見えざる武器」と呼んだ電信の力によって、ヘゲモニー国家となった。ロンドンが世界金融の中心となり、国際取引はロンドンで決済された。このようなシステムを構築したことで、イギリスは構造的権力を手に入れた。

オランダは、商人ネットワークの中心となることによってヘゲモニー国家となった。イギリスは、「国家の見える手」によってヘゲモニー国家になった。

ではヘゲモニー国家としてのアメリカの特徴は、どこにあったのだろうか。

アメリカがヘゲモニー国家になったのは、「国際機関の見える手」と世界一数の多い多国籍企業の存在、アメリカの軍隊の世界への進出（見えざる帝国）、そしてアメリカの文化というソフトパワー——電話など——の力が大きかった。アメリカ企業の多国籍化は、おそらく文化の輸出も意味した。

アメリカは、国土が広大なため、経済的統合が困難であり、国民経済はなかなか誕生しなかった。一般に、アメリカの国民経済は一八六九年に開通した大陸横断鉄道によって誕生したとされるが、アメリカのような広大な土地が、たった一本の大陸横断鉄道によって経済的に統合されたとは思われない。

それに加えて、国民経済形成に大きく寄与したのは、おそらくモータリゼーションと電話であった。各地の企業が電話網で結ばれ、家庭にも電話は普及した。そのため両大戦間期のアメリカで、比較的均質化した情報が流通する国民経済が誕生したのである。それが、第二次世界大戦後のアメリカのヘゲモニーに大いに役立った。

しかも、一九二〇年代になると、家庭での電話は、社交性のメディアとして使用されるようになった。すなわち、電話を使って遠くにいる親族や親しい友人とコミュニケーションをとることが、アメリカの家庭で急速に普及したのである。それは、電話が大衆消費財の一つとして急速にアメリカに浸透したことを反映していた。電話機はカラフルになり、消費者の購買意欲をそそるようになった。電話は、アメリカ的生活の一部になっていった。

電話は、単なるビジネスツールから、強力なソフトパワーに変貌したのである。

また、国際機関の多くは、第二次世界大戦後の産物であった。そのなかでもっとも重要なものとして、ＩＭＦと世界銀行があった。この二つの機関は、アメリカの世界経済支配のために有効であった。

さらにアメリカは、固定相場制をとり、アメリカ・ドルを基軸通貨とした金本位制の採用により、世界金融の中心になった。

アメリカの多国籍企業は、世界の商品価格を決定することさえあった。

たとえば、アメリカを中心とするセブンシスターズが、世界の石油価格を決定していた。第二次世界大戦後長く、原油価格は一バレル（約一六〇リットル）あたり二ドル以下に抑えられていた。

アメリカの経済力は圧倒的に強く、世界諸国は、ときには反発を感じつつも、アメリカの生活様式＝文化への憧れを持った。世界は、アメリカが持つソフトパワーを受容していった。そのソフトパワーの一つが電話であった。

## 海運国家アメリカ

アメリカ合衆国は、一七七六年に独立宣言を出した。独立当初は、一三州からなる小規模な国家であったが、国土は大きく拡大し、広大な面積を有する国家に変貌した。

アメリカ合衆国は、国内に大量の資源を有していた。したがって、ヨーロッパ諸国とは異なり、国内の資源のみに依存しても経済成長を遂げることができた。しかも、アメリカには国外から大量の移民＝労働者が訪れた。アメリカの市場は巨大であり、国内市場だけでじゅうぶんに大きく、国内市場に頼った経済成長が可能だったのである。

アメリカの企業はヨーロッパ以上に巨大化した。ヨーロッパの諸企業は、多くの場合、自国のみならず、他国との競争に勝たなければならなかった。しかしアメリカにおいては、一つの産業で勝ち残った企業が、市場を独占することが多かった。

アメリカという巨大な市場を独占する企業が生まれた。だからこそ、アメリカでは独占禁止法が施行された。しかも、アメリカの国内市場に、ヨーロッパの企業が参入するのは容易ではなかった。

これは、アメリカの西部への拡大という観点からの話である。アメリカというと、一般に西部開拓のみが取り上げられるが、じつはアメリカは、海運業を大きく発展させた国でもあった。アメリカが有する大量の資源には、木材や亜麻・麻・タールなどの海運資材が含まれていた。

一七八三年のパリ条約によりアメリカが正式に独立すると、それまでイギリスの保護下にあったのが、突如として世界の荒波にもまれることになった。アメリカにとって幸いなことに、一七八九年にフランス革命が勃発し、一九世紀初頭にナポレオン戦争が起こると、アメリカは、中立という地位を利用して、ヨーロッパ域内で海運業をおこなうようになり、イギリスについで、世界第二位の海運国家となった。

アメリカには、陸上のみならず、海上のフロンティアがあったのである。アメリカは、世界中に船隊を送った。それは、現在のように世界各地に艦隊を送る先駆けであったと考えられよう。

本章でとりあげるＡＴ＆Ｔなどの「電話」会社は、そのようなアメリカの特殊事情を反映した代表的企業である。電話産業は、アメリカ国内で大きく発展した。そして、独占的企業となった。やがてアメリカの海運業を利用し、海外に進出した。

アメリカという国は、アメリカ大陸以外の地域から大きく離れている。したがって、攻撃は受けにくい一方で、他地域を攻撃することはできるという利点がある。それが如実に現れたのが、二つの世界大戦であった。第二次世界大戦が終わると、アメリカは圧倒的な経済大国として登場する。

しかし、アメリカはイギリスと違い、世界中に植民地を持つ必要はなかった。そもそも国土は大きく、資源は国内にあった。アメリカは、あくまでも軍事的・経済的理由のために海外に出て行ったのであり、植民地を所有するのではなく、軍事的な関係を深めるだけでじゅうぶんに国益にかなった。アメリカのヘゲモニーのあり方は、イギリスとは大きく違ったのである。

## 「声は感情も運ぶ」

電信の普及によって、世界は一体化し、電信の使用料金は低下していった。しかし、電信による伝達には、つねに不確実性がともなった。モールス符号で長文の情報を送るとすれば、かなりのコストになったし、煩わしい作業だった。もし、直接話ができれば、少なくとも煩わしさはかなり解消された。

この前の二章では、文字を用いたコミュニケーションの発展を主に取り扱ってきた。それに対し本章では、電話を用いた音声によるコミュニケーションの発展を主に議論する。

長期的に見るなら、まず音声によるコミュニケーションが発達し、その後文字が生まれ、やがて印刷術が普及し、さらに電信が使われることで、文字によるコミュニケーションが発達した（モールス符号では音声によって文字の長短があらわされたが、最終的にはそれは文字として書かれた）。その後、本章で扱うように、電話の発明という音声面の進展があったのである。電話は技術的には電信ほどの革新性があったかどうかは定かではない。しかし、日常生活にまで浸透したという点でもコミュニケーションの歴史上画期的な出来事であった。

しかも、それは電信の先進国イギリスではなく、アメリカで生まれた。世界経済のヘゲモニー国は、オランダ、イギリス、アメリカと移動したが、情報伝達の手段も、出版、電信、電話と、つぎつぎに新しいものが生まれた。

活字や電信では、細かな感情を伝えるのは難しい。それに対して電話では、声の調子で感情が事細かにわかりやすいという特徴がある。電話が活字や電信より優れている点である。さらに、電話は電信より操作ははるかに簡単だ。だからこそ、電話は急速に普及したのである。

これは、音声の復権である。

さらにまたこういう意見もある。

> 電話とは、本質的に民主的なのです。子どもの声も大人の声も、同じスピードで、同じように直接に運ぶのです……
>
> 個々人の道具であるばかりか、すべての人びとのニーズを満たすのです。
>
> (Claude S. Fisher, *America Calling: A Social History of the Telephone to 1940*, Berkeley, Los Angels and London,1992, p.2. )

そのような電話は、どのようにして誕生したのだろうか。

## 電話の誕生

「ワトソン君、用事がある、ちょっと来てくれたまえ（"Mr. Watson! Come here; I want to see you!"）」

一八七六年三月一〇日に発せられたこの言葉は、その後の歴史を大きく変えることになった。

この言葉を発したのは、グラハム・ベル（一八四七～一九二二年）である。ベルのスポンサーになったのは、ガーディナー・ハバードとトマス・サンダースであった。

ベルは一八七四年に出会った助手のワトソンとともに、アメリカのボストンにおいて、不眠不休で電話の製造、正確には、電信線を使って音声を送受信する装置の開発に取り組んでいた。

プロトタイプとなる音響電信がつくられた。音響電信は、同じ字の電信で同時にいくつかの音が伝達できた。そして、それぞれの音の高さが違っていた。このプロトタイプをもって、ベルはワシントンに急いだ。一八七五年三月一日、彼は特許弁護士とジョセフ・ヘンリに会った。

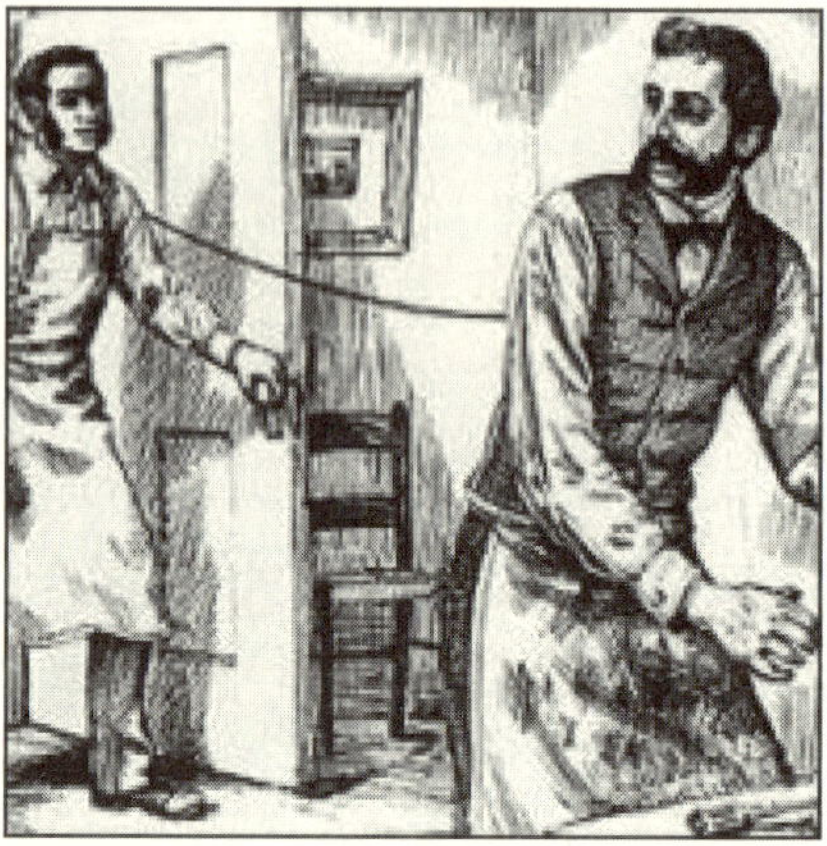

**図4-1　電話の誕生**

ヘンリは、当時七七歳であった。ヘンリは、ベルに音響電信ではなく、電気によって声を伝達するようにすべきだと提案した。ベルには、必要とされる電気の知識がなかった。ベルがそう言うと、ヘンリは、「身につければいいじゃないか」といって、ベルを励ました。

しかしベルとワトソンは、音響電信の製作をつづけた。一八七五年六月二日、一台目の電信から二番目の電信へと、音が伝達され、再生されたのである。そして翌日、ベルとワトソンは、まだ明瞭には音声は伝えられないが最初の電話のようなものをつくった。この機械では、金色の振動板が、鋼ばねの電機子にとって変わった。ベルは、翌年電話を完成させ、特許をとった。

これをきっかけとして、ベルの電話は大きく飛躍した。

## 電話会社の創設

一八七七年、最初に永続的な使用をめざした電話が敷かれた。ボストンのチャールズ・ウィリアムズの作業所とサマヴィルの家のあいだ、わずか五キロメートルであった。それをきっかけに電話のネットワークは拡大し、ニューヘヴン、ブリッジポート、ニューヨーク、デトロイトにまで広がった。

一八七七年には、マサチューセッツにベル電話会社（BTC）が創設された。当初、フルタイムで働く従業員は、ワトソン一人しかいなかった。

BTCが設立されたとき、使用されていた電話機は七七八台しかなく、それらはすべて、チャールズ・ウィリアムズの小さな作業所で製造されていた。資本不足もあって、ガーディナー・ハバードはすべての電話の権利を一〇万ドルでイギリスのウェスタン・ユニオンに譲り渡そうとするが、断られてしまった。電話機の声は聞き取りにくく、とても売れるなどとは考えられないというのが理由であった。

アメリカ国内において、BTCは、代理店や他の会社に、BTCのライセンスを与えて電話を普及させようとした。たとえば、トマス・サンダースは、北東部の電話技術の発達のために、投資を呼びかけたこともあって、一八七八年二月一七日、ニューイングランド電話会社が創設された。

同じ一八七八年に、BTCは、ボストンの金融関係者であるウィリアム・H・フォーブズを重役にスカウトした。フォーブズはベルの利害関係を一つの会社に吸収しようとし、一八七九年三月一三日、ナショナル・ベル電話会社（NBTC）を設立し、フォーブズ自身が、代表取締役になった。このときには、ベルの電話機は一万台以上が利用されており、すべてがNBTCからのリースであった。

アメリカとカナダにおいて、ベルの会社は重要な特許を握っており、そのため電話市場でほぼ独占状態であった。

電話網が発展すると、いくつかの巨大企業がつくられた。製造部門であるウエスタン・エレクトリック（一八八一年）、世界最大の電話会社であるAT&T（一八八五年）、研究開発に従事するベル研究所（一九二五年）、世界最大の多国籍の遠距離通信会社であるITT（一九二〇年）などである。

## 国際的に発達する電話

ベルが発明した電話は、国際的に普及することになった。表4－1は、一九世紀において、各国が電話を導入した年を示している。ヨーロッパだけではなく、世界各国で電話が使われるようになったことが理解できる。アジアやアフリカの国が多いのは、植民地の宗

| 年度 | 国家 |
|---|---|
| 1876 | アメリカ、ブラジル |
| 1877 | ベルギー、フランス、ドイツ、イギリス、スイス、スウェーデン |
| 1878 | カナダ、ジャマイカ、イタリア、オーストラリア、ニュージーランド |
| 1879 | チリ、オランダ、セネガル、シンガポール |
| 1880 | メキシコ、ノルウェー、南アフリカ |
| 1881 | アルゼンチン、グアテマラ、オーストリア、デンマーク、ハンガリー、ロシア、中国、エジプト、インド |
| 1882 | マルタ、モーリシャス |
| 1883 | チェコ、ポーランド、ポルトガル、ウクライナ |
| 1884 | バルバドス、ニカラグア、ミャンマー |
| 1885 | ウルグアイ、ルクセンブルク、スペイン、ニューカレドニア |
| 1886 | バミューダ、トリニダード・トバゴ |
| 1887 | |
| 1888 | |
| 1889 | ペルー、日本 |
| 1890 | アイスランド、ガーナ、フィリピン、ベトナム |
| 1891 | マレーシア、チュニジア |
| 1892 | コロンビア、タンザニア |
| 1893 | |
| 1894 | フィンランド、ベニン、トーゴ |
| 1895 | レソト |
| 1896 | |
| 1897 | エチオピア |
| 1898 | フィジー |
| 1899 | マカオ、コンゴ |

**表4-1　電話が導入された年**
**出典**：Anton A. Huurdeman, *The Worldwide History of Telecommunications,* Hoboken, 2003, p.182.

主国が電話を敷設したためであろう。植民地支配のために、電話が使われたのかもしれない。

ベルの電話システムがイギリスに浸透することをさまたげたのは、電信法であった。この法により、郵政省が電信による伝達の独占権を得ていた。一八八九年になって高等裁判所は、この法律によれば、電話とは電信のことを意味し、私企業の電話会社の活動は制限されるべきということを確認した。

フランスでは一八七八年、ルイ＝フランソワ・ブレゲが電話の生産をスタートさせていた。ブレゲの電話生産施設を受け継いだのは、クレマン＝アーネス・アーデルであった。一八七九年、アーデルはパリに最初の電話網を築いた。それは、一八八〇年に創設された電話総合会社（SGT）に吸収された。この会社が、フランス最初の電話網を構築することになった。SGTは海底ケーブルで本国フランスと植民地を結合することもおこない、一八九三年には、一万一〇〇〇人の電話網を政府に譲渡し、電話産業会社（SIT）として、電話設備の生産だけをするようになった。

ドイツで電話の特許を、ベルは取得してはいなかった。そこでシーメンスは、一八七八年、ベルの電話を改良した。シーメンスの電話の性能は、ベルのそれを上回るほどであった。そのため、一九世紀末には、九七八九の電信事務所に、電話が備えられた。一八八一年には、公的な電話事業を開始した。一八八三年には、アルザス・ロレーヌ、ハンブルク、フランクフルト、ケルン、マンハイム、その他二七の都市に、そのネットワークは広がった。

このように、ベルの電話が簡単にヨーロッパで使用されたわけではなかった。アメリカとヨーロッパは、なお遠かった。AT&Tが、世界最大の電話会社になり、世界中に電話網を張り巡らせるには、さらに多くの時間が必要だったのである。

## ソフトパワーとしての電話

図4-2　シーメンスのデスクトップ電話、1878年

電話はアメリカで発明されたが、アメリカ以外の地域にも広がっていった。しかし表4-2から読み取れるように、電話線の総延長キロ数から見るなら、アメリカが世界を圧倒する電話大国であったことも事実である。電話の導入とは、「アメリカ的な」現象とさえいえよう。しかもそれは、一八九〇～九五年に顕著

| 年度 | アメリカ | ヨーロッパ | 他地域 |
|---|---|---|---|
| 1880 | 47,900 | 1,900 | — |
| 1885 | 147,700 | 58,000 | 11,800 |
| 1890 | 227,000 | 177,000 | 31,500 |
| 1895 | 1,355,000 | 800,000 | 100,000 |

**表4-2　電話線の総延長キロ数**
出典：Anton H.Huurdeman, *The Worldwide History of Telecommunications*, Hoboken, 2003, p.181.

であるが、いったい何に起因するのだろうか。

まず推測されるのは、アメリカのビジネス社会の方が、ヨーロッパのそれよりも、頻繁に電話を使って取引したのではないかということである。しかし電話ができた頃、声による伝達は、用件がうまく伝わらず不明瞭にしか聞こえないことも多かったので、ビジネスマンにとっては、せいぜい付随的利用にとどまっていたようである。

とはいえ、ビジネス界での需要が増加したのは、まちがいなく、アメリカの急速な経済成長のためであった。アメリカにいくつもの大企業が出現し、それらが経済を牽引していったことが、需要増の大きな要因であったと考えられる。

当初は、加入者が増えれば、技術的な問題が複雑になるので、コストは増加すると思われていた。もっとあとになってようやく、多くの人が加入すると規模の経済が成り立つので、一人当たりの費用が低下するということがわかった。

ＡＴ＆Ｔは、大都市のビジネスマンへの高度なサービスの提供に焦点を当てていた。それには、長距離電話を高価格で提供することなどがあった。使用者が増えればコストが増加するという考え方は、ベル系の会社に深く根づいていて、なおかつ当初なかなか利用者が増えなかった原因の一つであった。しかし、一八八〇年から一八九三年にかけ、アメリカの電話機は、約六万台から二六万台に増えた。一九三〇年頃に一時減少するが、大恐慌の影響によるものであった。

電話が、アメリカのビジネスをひじょうに便利にしたことは、つぎの文章にも表されていよう。

ベルとその後継者たちが、現代の商業的建築物——すなわち摩天楼の父であると言うと、荒唐無稽に聞こえるであろうか。しかし、少し考えてみてほしい。シンガー・ビル、フラティロン・ビル、ブロード・エクスチェンジ、トリニティなどの巨大なオフィスビルを例に取ろう。毎日このビル群を出入りするメッセージの数は、どれくらいと推定されるだろうか？　電話が一台もなく、すべてのメッセージが人間の配達人によって運ばれなくてはならないとしたら？　その運搬に必要な数のエレベーターを設置すると、オフィス用にどれだけの空間が残るとお思いだろうか？　そのような構造物は、経済的に成立しえないだろう。

（ジェイムズ・グリック著、楡井浩一訳『インフォメーション』新潮社、二〇一三年、二四〇〜二四一頁）

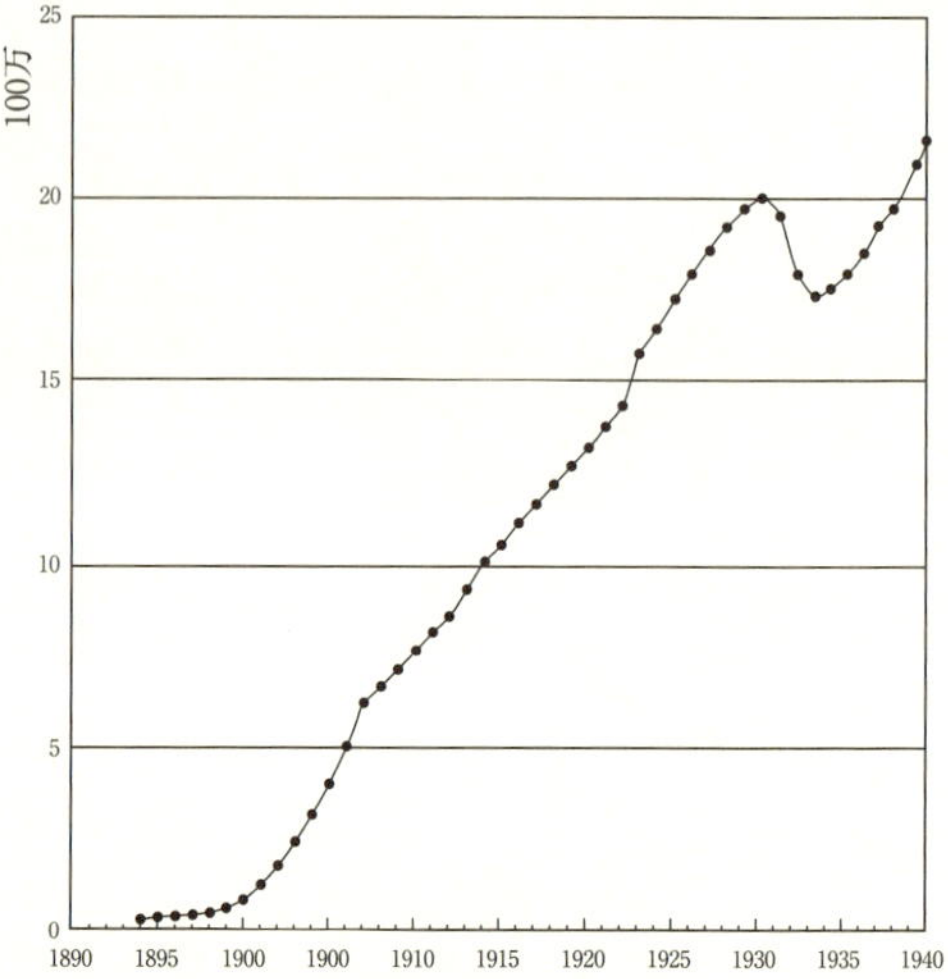


**図４－３　アメリカの電話の設置数**
**出典：Claude S. Fisher, *America Calling: A Social History of the Telephone to 1940, Berkeley, Los Angels and London,* 1992, p.44より作成**

さらに図４－３は、電話の設置数を示したものである。この図からはわかりにくいが、一八九三年から大きく増えている。これは、一八九三〜一八九四年にベルの特許の主要部分の期限が切れたため、新しく独立系電話会社が創設されたからである。その数は一九〇二年には約三〇〇〇に達し、そのほとんどは現在では残っていない。しかし、これらの企業との競争で、ベル系の会社が大きな損害を被ったこともたしかである。一八九三年に取り付けられた約二六万六〇〇〇台の電話機はベル系会社の独占だったのに対し、一九〇

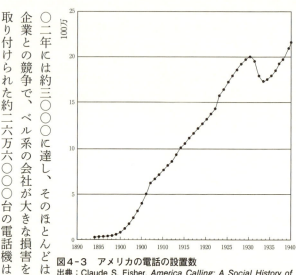

七年には、ベル系の会社も独立系会社も三〇〇万台ほどで、同程度になった。ベル系の会社の独占が、崩れていった。そして、電話をかけるコストは、急速に低下していった。また、アメリカ諸州の電話設置数の差異は、だんだんと少なくなっていった。

しかしその一方で、独立系の会社の経営基盤は弱く、AT&Tに吸収合併されたり、生き残ったものも、回線を接続させた。独立系の会社は、一九二〇〜一九八〇年代にかけ、アメリカの電話の一五パーセント程度しか操業しなくなり、AT&Tが独占することになった。

そのような転換のあいだに、一九二〇年代には、エリートから（南部以外の）中流の人びとまでが自宅に電話を設置するようになった。所得水準が低い都市居住者は、ドラッグストア、バー、隣家の電話を使った。

このように、電話の利用が広がったのは、当時の世界のなかではアメリカにのみ見られた現象であった。アメリカ人の生活のなかに、電話は深く入り込んでいった。電話の使用によって、アメリカの家庭生活の便利さは大きく上昇したであろう。

電信を使うためには、電信局まで行かなければならなかったが、電話は、家庭で使用できた。したがって電信よりもずっと便利なコミュニケーションツールであり、アメリカ人は、電話で音声を伝えることで、ビジネスの場でも家庭においても、簡単にコミュニケーションを取ることができたのである。

アメリカ人の生活は、情報伝達の点では、ヨーロッパ人よりもずっと便利になった。さらに電話の使用で、アメリカの情報は均質化されていった。そして、国民経済の誕生が促進された。電話というソフトパワーは、ハードパワーであるアメリカ経済を強化することになった。

## AT&Tの世界への発展

AT&Tは、一八八五年、世界初の長距離電話会社として発足した世界最大の電話会社であった。この会社は、アメリカの電話事業の国際的発展を体現するといって過言ではない。

一八九二年、ニューヨーク―シカゴ間で電話事業を開始したとき、一五二〇キロメートルの回線を必要とした。これは、当時の技術で考えられる最長の長さであった。その後、装荷ケーブル（通信電流の減衰を防ぐために、回線路の一定間隔ごとにコイルを直列に挿入する）の採用により、回線の限界は三二〇〇キロメートルにまで延びた。さらに、真空管中継機（受信した弱い信号を増幅したり、波形を再生したりしてふたたび送信する装置）のおかげで、どこまでも長くすることに成功した。この中継機により、一九一五年、AT&Tは、大陸間横断の電話事業の開拓に成功する。

一九二〇年代には、ＡＴ＆Ｔは国境を越えたラジオ番組を提供し、新聞社に優先伝送写真を送った。一九三一年には、テレックスのサービス（ＴＷＸ＝TeletypeWriter eXchange）を開始した。一九四〇年代には、テレビネットワーク事業を開始した。一九五〇年代には、最初の商業用モデルを導入し、コンピュータの信号と電話回線の信号とを相互に変換できることになった。

図４－４　1916年１月25日　大陸横断電話サービス開通記念の写真。中央がベル。ベルの向かって右側がニューヨーク市長のジョン・パロイ・ミッチェル

ＡＴ＆Ｔの事業は、一九二一年にはキューバに、一九二七年にはイギリスに、一九三四年には日本にまで到達した。北米における会話では電線を使い、海をまたぐ交信は無線電話でおこなわれるようになった。

世界の国際電話の多くは、ＡＴ＆Ｔによって請け負われた。電信の発達の中心がイギリスだったのに対し、電話の場合は明らかにアメリカであった。

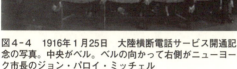

## 電信と電話の相違

電話は、アメリカの女性に新しい職業を提供した。当時、中産階級の女性にとって尊敬される（リスペクタブルな）職業はあまりなく、電話の交換手は、女性が社会進出するための数少ない職業の一つであった。アメリカが電話の先進国であったように、電話交換手という分野における女性の進出も、他に先駆けた。たとえていうなら、イギリスにおける住み込みの家庭教師（ガヴァネス）と同等の地位を、電話交換手は獲得したのである。若い未婚女性が電話産業で働くことで、この産業のイメージは上がった。良家の未婚女性が働く産業として、電話産業は認知されていった。

電話では、声が聴ける。だからこそ相手が怒っているのか、悲しんでいるのかがよくわかったし、手紙なら何日もかかることが、数分のうちに解決できるという点で、ビジネスでも、家庭でも便利な道具として使われるようになった。

ところで、電話と電信は、根本的にはどう違ったのだろうか。

スーザン・ストレンジの「構造的権力」の視点からとらえるなら、電話は、国家の権力の源となるような「構造的権力」を提供しなかったという面で、電信よりも世界の政治・経済に与える影響は小さかったと判断すべきであろう。

電信は、為替決済に用いられた。その中心に位置したのがロンドンの金融市場であった。世界は、電信を使わなければ、国際貿易での決済ができなかったばかりか、その決済はロンドンでおこなうほかなかった。さらには、通信会社が、世界のあちこちにニュースを流した。こういったことは、電話には不可能であった。イギリスが世界に張り巡らした電信は、世界中で使われ、その使用料がイギリスに流入した。世界経済が成長するほど、イギリスは儲かるうえに、世界各国はイギリスが作り上げたシステムを使うほかなかった。こういうシステムは、電話では形成できなかった。

国際政治経済の規範文法を決定したのは、電話ではなく、電信であったというべきであろう。したがって、アメリカのヘゲモニーは、イギリスほどには強固なものとはいえなかった。一九世紀のヘゲモニー国家イギリスと二〇世紀後半のヘゲモニー国家アメリカとでは、このような差異があったのである。

しかしその一方で、電話は、活版印刷術、電信とは異なり、きわめて簡単に家庭生活で使われた。そのため日常生活を大きく変えることになった。さらに音声での情報伝達は、活字では困難な感情の伝達を容易にした。また、相手と直接会話ができるので、情報の伝達ミスも減った。人びとは、電信で情報を伝えるよりも、はるかに親しくなることができた。アメリカはこの点で、他国より圧倒的に進んだ国であった。

一九三四年に、日本で『国際パンフレット通信』第六八〇号が出版され、そこには、「現時に於ける文明各国の国内通信を見るに電話通信は総通信数の平均九十五パーセントを占むる状態にあるのであつて」とあり、電話の発達状況がうかがえる。

同誌によれば、一九三二年の時点で、アメリカの電話台数は、世界全体の約五六パーセントを占めている。それに対し、ドイツは約九パーセント、イギリスは約六パーセントであり、圧倒的にアメリカの比率が高い。しかも、アメリカはすべてを私企業が敷設したのに対し、ドイツとイギリスは、政府による敷設であった。

## アメリカのヘゲモニーとは

では、アメリカはどのようにしてヘゲモニーを獲得したのか。

それは、多国籍企業が世界各地に進出し、国際機関という、従来になかった「しくみ」をうまく利用できたことにある。その前提として、電話の使用が大きく寄与したアメリカの国民経済があった。アメリカの企業は、国内の広大な市場を相手にするだけで、じゅうぶんに巨大な企業になりえた。豊かな資本に支えられた巨大企業が、多国籍企業へと変貌したのである。

アメリカの経営史家アルフレッド・D・チャンドラーJr.は、一九世紀末から二〇世紀初頭の時代のアメリカ経済を「見える手」(visible hands) という表現を用いて表した。アダム・スミスは「神の見えざる手」によって経済が動かされるといった。そして、マグヌソンはイギリスの工業化は、「国家の見える手」によって成し遂げられると述べた。それに対しチャンドラーは、巨大企業の経営者の「見える手」によってアメリカ経済が動かされていると考えた。

アメリカ経済は急成長を遂げた。一八九四年になると、工業生産は世界一になった。大富豪も現れた。その代表がロックフェラーであった。

ロックフェラーは、一八七〇年にスタンダード石油を創設すると、同社は、一八七八年にはアメリカにおける石油精製能力の九〇パーセントを保持するまでに至った。スタンダード石油は、一九一一年に独占禁止法であるシャーマン法(反トラスト法)によって三四の会社に分割されることになった。

スタンダード石油は分割されたものの、分割されて誕生した会社のなかに、現在のBPの一部、エクソンモービル、スタンダード・オイル・オブ・カリフォルニアなど、世界的大企業をいくつも含むほど、巨大な会社であった。

このロックフェラーに代表される巨大企業は、新興の経済大国アメリカの大きな特徴であった。アメリカは、たしかに自由経済の国であった。しかしまたアメリカ企業の規模は、ヨーロッパと比較してずっと大きく、BTCが巨大化したのも、このようなアメリカ特有の経済事情が背景にあった。AT&Tも巨大企業となり、アメリカの電話使用を独占した。

巨大企業は、まさにアメリカ経済の特徴であり、今日においてもなおあてはまる。巨大企業が誕生する一方で、一般民衆の暮らしは貧しかったとされる。また、解放された奴隷は、結局無一文で放り出され、プランテーションを去って放浪するか、南部にとどまってプランテーションの農業労働者か小作人になるよりほかに道がなく、彼らは依然として貧しかった。このような貧富の差は、現在もなおアメリカの特徴である。

アメリカにおける電話システムは、このように大企業の力が大きくなっていくなかで、企業の事業活動に必要な道具となっていった。アメリカの大企業の台頭は、ベル系の会社の電話の使用増につながったのである。AT&Tは、アメリカの巨大企業の象徴でもあった。しかもそれは、一般の家庭生活と大きくつながっていた。

電話がアメリカの家庭で頻繁に使われた以上、活版印刷術、電信よりはるかに生活面での影響は大きかった。

電話は、アメリカに「生活革命」を生じさせたといってよかろう。

## ブレトン・ウッズ会議

第一次世界大戦後、アメリカ経済は大きく成長した。しかし、一九二九年の大恐慌により、経済は長い低迷期を迎えた。大恐慌は世界中に影響を及ぼした。各国は輸出を伸ばし、さらに通貨の収縮政策をとり、国際収支の赤字を削減しようとした。さらに、植民地を持つ国はブロック経済をとり、それ以外の国からの商品を締め出したことが国際紛争のもとになり、第二次世界大戦の一因となった。

その反省から、国際的な金融システムを革新し、管理するための機関が必要だという意識が強くなってきた。そこで、第二次世界大戦も終焉に近づいた一九四四年七月、アメリカのニューハンプシャー州のブレトン・ウッズで四四ヵ国が参加して、ブレトン・ウッズ会議が開かれ、国際金融と通貨の再建について議論された。

第二次世界大戦の影響で、イギリス経済は大きく衰退していた。第一次世界大戦直前において、イギリスでは政府債務の対GDP比率は二九パーセントにすぎなかったが、第二次世界大戦が終わる頃には、二四〇パーセントにまで拡大していた。それに対し、政治的にも経済的にも、アメリカの台頭は著しかった。ブレトン・ウッズ会議は、イギリスの没落とアメリカの勃興を特徴づけた会議であった。

しかし、イギリスが簡単に敗れ去ったわけではなかった。ベン・ステイルによれば、イギリス代表であったジョン・メイナード・ケインズ（一八八三～一九四六年）は、なおイギリスが世界経済の重要な役割を演じるよう尽力した。一方のアメリカの代表はハリー・デクスター・ホワイト（一八九二～一九四八年）であった。

ホワイトの考えでは、終戦直後の世界では、外国為替が混乱し、貨幣や信用システムが崩壊する可能性があった。さらに、ホワイトは外国貿易が確実に回復し、再建や支援、景気回復のために欠かせない巨額の資本を供給するための機関が必要だと考えた。彼はそのために国際通貨基金（ＩＭＦ）と世界貿易機関（ＷＴＯ）と世界銀行の設立を提唱した。

それに対しケインズは、非常に意欲的な内容の提案をした。国際取引は新しく創設される国際清算銀行（ＩＣＢ）によって決済される。各国通貨の売買は、ＩＣＢに設けられた「清算勘定」を通じておこなわれ、新たにつくられる「銀行貨幣」によって取引が記帳される。この銀行貨幣はバンコールと名づけられ、バンコールは加盟国それぞれの通貨と金に対して価値が固定される。バンコールは、加盟国が輸出をするとＩＣＢの清算勘定に追加され、輸入すれば引き出される。輸出入においてバンコールの上限が設けられ、過剰な黒字や赤字を防ごうとした。

イギリスはアメリカと異なり、金をほとんど保有しておらず、積極的に貿易をしなければならなかったので、このアイディアは国益にかなっていた。しかし、ブレトン・ウッズ会議では、ケインズのアイディアは、決して真剣に議論されなかった。

アメリカは、ヘゲモニー国家にはなっていなかったとはいえ、圧倒的な経済力があった以上、ホワイトの意見が通ったのは、当然のことであった。

結局、金一オンス＝三五ドルとして固定される金本位制が採用された。そのドルに対して、各国の通貨の交換比率が決められるというシステムの固定相場制が構築された。すなわち、アメリカ・ドルに世界経済の基軸通貨としての役割が付与されたのである。

この体制はアメリカ・ドルが他国の通貨よりもずっと強く、変わらないという前提によってのみ維持できるものであった。

### ブレトン・ウッズ体制——見えざる帝国

アメリカ本土は、第一次世界大戦と第二次世界大戦で戦場にならなかった。二度の世界大戦を通じて、大きな経済的利益を得た国でもあった。そのため、戦後のアメリカは、圧倒的に大きな経済力を持つ国として登場したのである。

アメリカは植民地をほとんど持たなかったが、世界中に艦隊を派遣し、自国の利益を護ろうとした点では、イギリスに似ている。そしてイギリスと同様、それが国家財政に大きな負担をかけることになった。

しかしながら、アメリカの世界経済の支配の方法は、それ以前のヘゲモニー国家イギリスとは異なっていた。

一八世紀後半のイギリス産業革命、一九世紀のヨーロッパ、さらには日本の産業革命においても、国家が果たした役割は大きかった。しかし、第二次世界大戦後には、国家以外にも重要な機関が加わった。国際機関である。

多くの国際機関は、アメリカの後ろ盾によって創設された。アメリカという国は、自国の力のみならず、国際機関を利用することで、世界経済のヘゲモニーを握った。ブレトン・ウッズ会議は、このシステムを築き上げるための会議であった。そして、その中心となった機関は、ＩＭＦと世界銀行であった。

アメリカがこのようなことをできたのは、この国の経済力が、他国と比較してきわめて大きかったからである。一九四六年の時点では、世界のＧＮＰの半分ほどをアメリカが占めていた。

ＩＭＦが正式に設立されたのは、一九四五年一二月二七日のことであり、金融業務を開始したのは、一九四七年三月一日であった。ＩＭＦに参加するためには、各国は、一定額を拠出しなければならなかった。参加国は、支払いの問題が生じたときには、拠出額の二五パーセントを引き出すことが可能である。

ただし、IMFは加盟国の経済をコントロールすることはできない。IMFには、二四名の常任理事がいる。IMFにもっとも多くの金額を拠出しているのはアメリカである。一方、世界銀行は国際連合の専門機関である。そして、IMFの加盟国でなければ、世界銀行に加盟できない。したがって、IMFの方が、現実には力が強い。さらに、世界銀行の総裁は、アメリカ人が選出されることになっている。

このように、ブレトン・ウッズ体制とは、アメリカのヘゲモニーを象徴する体制であった。それは、現在もなお、ある程度はつづいている体制である。

アメリカのヘゲモニーは、この体制とともにあったといえよう。世界の金融システムの中心はアメリカであり、アメリカ・ドルを基軸通貨とする固定相場制によって維持されるシステムであった。しかも、このシステムの維持には、巨額の経費が必要であった。

アメリカは、イギリスと異なり広大な植民地帝国を形成することはなかった。しかし、世界中に軍隊を派遣し、アメリカの政治体制、ひいては経済体制を維持しようとした。

このようなアメリカのシステムを、ここでは「見えざる帝国」と呼ぼう。この帝国の（商業）情報の中心は、いうまでもなくニューヨークであった。ニューヨークに多数の多国籍企業の本部がある以上、この都市から電話によって流れる情報は、世界のビジネスの趨《すう》勢《せい》を大きく左右した。

しかしながら、イギリスのヘゲモニーとは異なり、世界経済の成長がそのままアメリカ経済の利益になるというわけではなかった。ＩＭＦへの参加国が非常に増えると、金融面におけるアメリカの影響力は低下する。

ここにアメリカのヘゲモニーの大きな限界が見られた。

## 黄金の五〇年代

アメリカ史では、一九五〇年代は、「黄金の五〇年代」と呼ばれる。この時代のアメリカの経済力は他を圧倒しており、そのアメリカを代表する企業の一つとして、ゼネラルモーターズ（ＧＭ）があった。同社の力に関しては、ハルバースタムが、以下のように述べているほどである。

> この時期におけるアメリカ産業界の力を象徴するものを挙げるなら、〈ゼネラル《G》・モーターズ《M》〉をおいてほかにない。単なる一企業として扱っては失礼になるほどの権勢を誇る〈ＧＭ〉は、世界で最も大きく最も豊かな企業であり、来る五〇年代には、人類史上初めて年間売上高十億ドルを達成することとなる。（中略）〈ＧＭ〉の市場支配があまりにも徹底されていたせいか、社長のチャーリー・〝エンジン〟・ウィルソン

がアイゼンハワー政権の国防長官に転身したとき、「〈GM〉にとって良いことはアメリカにとって良いことだ」と発言したという話が独り歩きを始めた。

（デイヴィッド・ハルバースタム著、峯村利哉訳『ザ・フィフティーズ』1、ちくま文庫、二〇一五年、一九三頁）。

GMに代表される大企業が、世界各地で活躍した。GMに代表されるアメリカ車は一般的に大型で、ガソリンを大量に消費した。しかし、原油価格が高騰する一九七三年までは、あまり問題にはならなかった。

「〈GM〉にとって良いことは、アメリカにとって良いことだ」というだけではなく、「アメリカにとって良いことは、世界にとって良いことだ」と、この時代のアメリカ人の多くが考えていたかもしれない。

さらにアメリカは、たとえば日本の自動車会社と合弁事業をおこなった。そのため、アメリカの自動車技術が日本に流出し、アメリカの優位が切り崩されていくことにつながった。

多国籍企業は、たしかに、多数の国の富を吸い上げるかもしれない。しかし同時に、進出先に技術や経営のノウハウを伝え、かえって本国の利益を損なう可能性もある。おそらく、アメリカはその罠に陥ったのである。

## アメリカの衰退

イマニュエル・ウォーラーステインが著した『近代世界システム』ではアメリカの衰退が論じられていないので、ポスト・アメリカに関する彼の意見は、決して明確ではない。しかし、つぎのウォーラーステインの主張は、軍事問題という点に論を限定しているとはいえ、ポスト・アメリカについて彼がどう考えていたのかということへの手がかりを提供する。

一九九〇年代のアメリカは、ことにソ連が崩壊したために世界で抜きん出て強力な軍事大国にとどまっているものの、国内の財政基盤と正統性に翳りが見える中で、その力は衰退しつつある。これとは対照的に、世界の他の潜在的な軍事大国——ヨーロッパ共同体、日本、ロシア、中国——は、今後二十五年もすれば一九九〇年よりも強力になることはほとんど確実である。

(イマニュエル・ウォーラーステイン編、丸山勝訳『転移する時代——世界システムの軌道 1945-2025』藤原書店、一九九九年、二九七頁)

ここで書かれていることは、おおむね当たらなかった。ギリシアの金融危機に端を発したEUの混乱はいつ解決されるのかわからない状況であるし、イギリスのEU離脱決定はその状況をさらに悪化させた。日本やロシアが、軍事的に強力になったとは思われない。当たっていたのは、中国の台頭であろう。アメリカは、いまなお世界最大の軍事大国であるが、これは私の目には、アメリカのヘゲモニーの遺産だと映る。

アメリカ経済は、二〇〇〇年二月に、一〇七ヵ月の持続的経済成長を達成した。これは、一九六〇年代以来最長の記録であるが、その背景には、インターネットの発展があった。そして同時にインターネットによって、アメリカ経済が大きな混乱に陥ったことは、「はじめに」でもすでに論じた通りである。ウォーラーステインに欠けているのは、時代的制約があるため仕方がないことではあるが、デジタルメディアが世界の政治経済に及ぼす影響力の分析であろう。

二〇世紀前半の世界は、二度にわたる世界大戦を経験した。これらの戦争による大きな惨禍を受けた国は、アメリカの商品をそのまま輸入するほかなかった。したがってアメリカは、アメリカの経済システムをそのまま輸出できたのである。すなわち、アメリカは、国内で生産された商品をそのまま国外に輸出することができた。通常なら輸出地域によって商品の仕様を大きく変えなければならないが、ヘゲモニー国家の時代のアメリカには、その必要がなかった。それは、アメリカ文化の輸出でもあった。しかし、他国の経済力が上昇すると、そのような方法では商品は売れなくなる。

一九五〇〜七三年のアメリカの経済成長率は、毎年二・二パーセントであった。フランスは四・〇パーセント、ドイツは四・九パーセント、イタリアは五・〇パーセント、イギリスは二・五パーセント、日本は八・〇パーセントであった。これらの国々のなかで、アメリカが一番低かったのである。アメリカの経済力は低下し、金が国外に流出することになった。

世界経済に占めるアメリカのGDPの比率は、二〇一四年には二二・五パーセントほどになり、その割合は低下した。しかし、アメリカはなおも世界最大の経済大国である。アメリカは、国際機関を創設することで、世界経済をコントロールするシステムを形成したといえよう。そのために重要だったのは、IMFや世界銀行（とくに前者）、そして金本位制と結びついた固定相場制、多国籍企業であった。また、アメリカは世界各地に軍隊を派遣して、多数の情報を入手した。

固定相場制は、アメリカ経済が圧倒的に強いからこそ維持できる制度である。アメリカの経済力が弱まると、この体制は維持できなくなった。

その日は、突然にやってきた。アメリカ時間で一九七一年八月一五日、アメリカ合衆国大統領ニクソンが、それまでの固定比率によるドル紙幣と金の兌換《だかん》を一時停止すると発表したのだ。これは、ニクソンショックと呼ばれるほどの衝撃を世界に与えた。

当時、金と交換できる通貨はドルしかなかった。しかし、アメリカはドルの金交換に応じられないほど金保有量が減ったのである。これは、アメリカ経済の弱体化を示すとともに、通貨体制の大きな変革を意味した。戦後世界を形成したＩＭＦ体制の終焉でもあった。

正確には、一九七一年のニクソンショックで、固定相場制が終わったわけではない。同年一二月、スミソニアン合意が結ばれ、ドルの切り下げというかたちで固定相場制が継続された。しかしそれは長続きせず、一九七三年には完全に変動相場制に移行した。

アメリカが金本位制を離脱した世界史的意義については、つぎの言葉が参考になろう。

ブレトンウッズの通貨体制は崩壊した。そこに至るまでの六〇年近くにわたり、通貨と金は波乱含みながらも結びついてきた。そして過去を振り返ってみれば、金と通貨の結びつきは二五〇〇年におよび、世界のほとんどの地域に広がり、その関係が中断されたのは危機の時代だけであり、しかも切り離されたのは一時的だった。しかし今回は事情がちがった。いうなればドルは、金に係留された最後尾の船のようなもので、そこには世界のほかのすべての通貨が同乗していた。ところがアメリカは独断で錨をあげ、永遠の航海に出てしまった。

（ベン・スティル著、小坂恵理訳『ブレトンウッズの闘い――ケインズ、ホワイトと新世界秩序の創造』日本経済新聞出版社、二〇一四年、四三四～四三五頁）

金本位制からの離脱に加えて、アメリカの多国籍企業の力も衰退していった。アメリカの支配力の低下は、何よりも石油価格に現れた。

世界最大の石油産出地域が、中東であることは誰でも知っている。第二次世界大戦後、その中東の石油の価格決定権を握っていたのは、アメリカを中心とする「メジャー」と呼ばれる巨大な石油会社であった。その価格決定権が失われる日が来たのである。

一九七三年一〇月六日に第四次中東戦争が勃発したことをうけて、石油輸出国機構（OPEC）加盟産油国のうちペルシア湾岸の六ヵ国が、原油公示価格を一バレルあたり約三ドルから約一二ドルに引き上げることを決定した。

アメリカは、石油の価格決定権を失った。このことは、アメリカの多国籍企業の敗北であり、アメリカのヘゲモニーの衰退を意味した。

ここに、戦後経済体制は終焉を迎えた。ただし、政治的な意味での戦後体制は残った。すなわち、アメリカは世界の警察であり、世界のあらゆる事件に関与する権利があるという、思い込みともいえるアメリカ政府の意思。だからこそ彼らは、毎年多額の軍事費を支出しているともいえる。

それは、アメリカがなお世界最大の情報（少なくとも軍事情報）国家になっている理由である。

# 第五章　近代世界システムの崩壊
## ——不安定な情報化社会

## 近代世界システムの終焉

情報の流通と国家の関係は、近代世界システムを見ていくうえで重要なことである。オランダは決して軍事大国とはいえず、非中央集権的な国家であった。しかし、だからこそ、オランダのアムステルダムを通じて、ヨーロッパ世界にさまざまな商業情報が流れ、ヨーロッパは均質化した商業空間を有する地域になった。そのため、商業を営むためのコストは大きく低下した。

イギリスでは、電信を中核として、鉄道、海運業、保険業が結びつき、世界経済の利益がイギリスに集中するシステムを築きあげた。世界の商業活動の規範はイギリスが決定し、イギリスを中核とした世界経済が形成された。

アメリカが発達させた電話は、ヘゲモニーの直接的な要素とはならなかった。しかし、アメリカを中心とする多国籍企業は電話を使い、また家庭での電話使用はアメリカ的な生活様式の特徴の一つにもなったし、アメリカで流通する情報が均質化するのに寄与した。そして、世界の国際電話市場で大きなシェアを占めたアメリカのAT&Tは、アメリカを代表する多国籍企業であった。

アメリカのヘゲモニーの特徴の一つは、巨大な国民経済に立脚した多国籍企業とアメリカがバックアップした国際機関を利用して、世界経済をアメリカに有利になるように導いた点にあったと考えられる。

前章で述べたように、一九七〇年代以降、変動相場制に突入し、石油価格決定権を失ってからのアメリカの国力は、一九五〇年代と比較すると明らかに衰えた。では、それはいったい何を意味するのだろうか。オランダがヘゲモニーを獲得して以来つづいてきた近代世界システムは崩壊するのだろうか。本章では、その問題について論じてみたい。

## インターネットの発達

国力の衰えたアメリカであったが、新しい情報伝達システムを形成していった。インターネットである。しかしインターネットは、アメリカのヘゲモニーの復活をもたらしてはいない。

もともとインターネットの技術は、リンドン・ジョンソンの大統領時代（一九六三〜一九六九年）に、ＡＲＰＡＮＥＴというパケット通信ネットワークを運用したことからはじまった。一九六九年に、国防総省の研究機関であったＡＲＰＡ（Advanced Research Projects Agency＝先端研究計画庁）が、この通信網の開発をはじめたのである。当初は、軍や軍事分野の研究開発に携わっている研究機関にしか、ＡＲＰＡＮＥＴの利用は認められてはいなかった。ARPANETは、そもそも軍事用の技術であった。ARPANETは、やがてインターネットへと発展していった。

元来が軍事用であったインターネットは、よく知られるように民生用に利用された。背景には、一九九一年のソ連＝社会主義の崩壊があったことはたしかであろう。アメリカは、インターネットの技術を軍事用に独占する必要はなくなった。また、アメリカは、経済力の低下にともない、新技術を開発する必要に迫られていた。インターネットはその点でうってつけであった。そうして商業用のサービスが開始されることになった。

したがってアメリカは、インターネットの利用という点で、イギリスにとっての電信のように、すべての経済活動の利益を自国のために利用する可能性もあったかもしれない。しかし現実には、インターネットは、たちまちのうちに他国にも使われるようになった。

それを象徴するのが、ワールドワイドウェブ（www）の増加である。ワールドワイドウェブは、一九九一年に実用可能なかたちで導入され、以後、インターネットによる情報入手のために必須のツールとなった。その数は、加速度的に増大した（図5－1参照）。

このように、ウェブサイトは現在急速に増えているし、今後も当面増えつづけるであろう。アメリカのものも多いが、日本を含めてそれ以外の国のものも多数あるのはご存じの通りである。インターネットによる情報を管理することは誰にもできなくなっている。

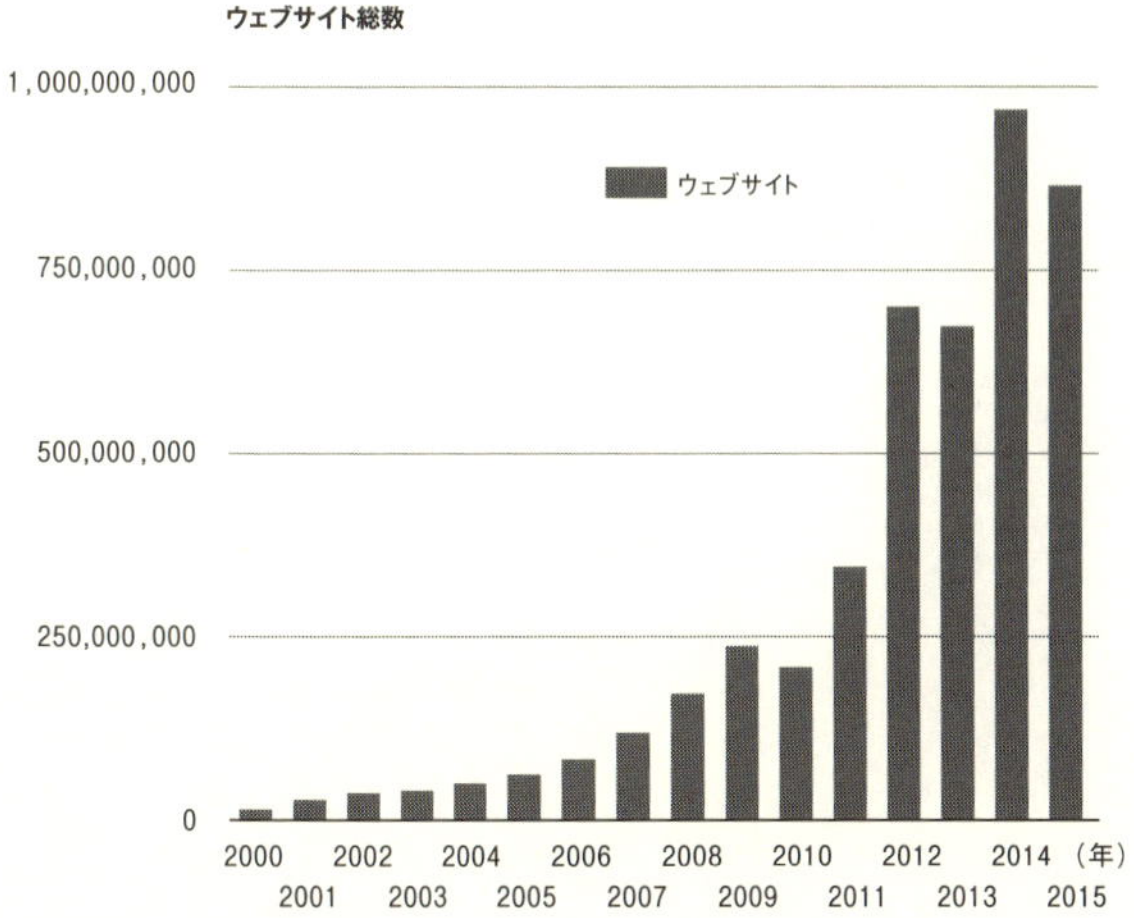


**図5－1　ウェブサイトの数**
出典：http://www.internetlivestats.com/total-number-of-websites/

## 情報による不安定性

「はじめに」で述べたように、現在の世界では、多すぎる情報が社会を混乱させている。われわれは、「情報過多」などというなまやさしい表現では済まないほど大量の情報に悩まされるようになった。

それにより、経済状況が不安定性を増すようになった。

以前なら、個人投資家や機関投資家にとっては、一日のうちの株価の変動を利用して利益を得るデイトレードなど夢物語であった。株式投資の手数料が何百ドルにもなり、一日に何十回も株の売り買いをすれば、その手数料だけで巨額になってしまい、利益が出なかったからである。

しかしインターネットのおかげで、手数料は一回あたり五〜一〇ドル程度になり、デイトレーダーたちは頻繁に売り買いをし、そのために株式市場が混乱することになった。

しかしながら、企業活動とは、本来、長い時間をかけ、人材を育成し、投資をし、利潤を得ようとするものである。企業とは、社会に対して経済的貢献をし、その対価として利潤を獲得する。

そのような活動が、デイトレードにかぎらず、短期的な利益を求める投機家によって負の作用を受ける。企業は、短期的な経済の変動に備えつつ、長期的視点に立った活動をしなければならないわけだが、短期的な変動要因が多すぎると、長期的視点に立った活動ができなくなる。

インターネットには便利な面もあるが、このような危険ももたらすことがありうる。

## つながりすぎた世界

アメリカのベンチャーキャピタリストであるウィリアム・H・ダビドウは、その著書『つながりすぎた世界——インターネットが広げる「思考感染」にどう立ち向かうか』(酒井泰介訳、ダイヤモンド社、二〇一二年)で、インターネットがもたらす「過剰結合」ともいうべき現象を指摘した。すなわち、ある事件や出来事に対して過敏に反応しすぎるのである。

ダビドウはまた、経済的感染性についても言及する。一六三〇年代に、オランダで球根が異様に高騰したチューリップバブル、一七二〇年にイギリスで南海会社という会社の株価が急騰した南海泡沫事件、一九二九年にアメリカで発生し世界に広まった大恐慌は、経済的感染性だというのである。

経済活動は、ともすれば、投機を招きかねない。そのため、いったんは経済活動が活発になっても、やがて不況を招いてしまうことになる。マルクスがいったように、恐慌は、資本主義経済に不可避的な現象であるともいえよう。恐慌は、経済的感染性という過剰結合によって増幅する。

人間の社会は、人びとがつながりあうことでできている。そのつながり方が、インターネットにより、過剰なまでに密接になったと、ダビドウは考えている。

インターネットは、たとえばサブプライム住宅ローンの問題を悪化させた。顧客は、もっとも有利な商品をインターネット上で選ぶことができた。そのため、市場はより競争的になり、サブプライム住宅ローンのブローカーは、いち早く対応を迫られ、適正な資産評価をおこなうことができないようになった。

ブローカーや銀行は、インターネット上で不動産鑑定士を探し、鑑定士が出してきた見積額を見て、仕事を依頼するかどうかを決定した。ブローカーは一番高い価格をつけてくれる鑑定士を選んだ。インターネットにより、鑑定額が引き上げられるようになったのは、そのためである。

鑑定士は、インターネットを通じて依頼があると、現地調査をすることもなく、わずか数時間で鑑定を終える。パソコンで地図のサイトを立ち上げ、近隣の取引事例を調べれば仕事が終了する。さらに即時のローン審査を可能にするオンラインシステムができ、かつては数日間かかっていた仕事が、たった数時間で完成するようになった。

ようするに、インターネットの普及により、目の前の利益だけを見て、リスクを考えないシステムができあがったことが、サブプライム住宅ローンを生み出した原因だったのである。世界は、デジタルメディアで、知らぬ間に強く結びつけられている。

### 携帯電話の役割

インターネットが抱えている危うさをこれまで述べてきたが、それ以上に世の中を変えたのは、携帯電話かもしれない。

携帯電話が日本ではじめて発売されたのは一九八五年、その重量は三〇〇〇グラムもあった。そのときのユーザーは、ごくわずかであった。しかし携帯電話は、あっという間に小型化し、もはや単なる電話では片付けられない存在になった。

現在のところ、携帯電話の代表はスマートフォンであろう。スマートフォンは、二〇〇七年にアップル社から初代 iPhone が発売されたことにより、瞬く間に携帯電話の中心になった。

スマートフォンには、電話やメール、カメラ、コンテンツ、その他のきわめてたくさんの機能が備えられている。携帯電話一台で、世界のあらゆる地域の人びとと瞬時に必要な情報がやり取りできる。

スマートフォンに代表される携帯電話には、これまでのメディアとは大きく違う特徴がある。すでに見てきたように、活版印刷や電信は、文字によるコミュニケーション、電話は音声によるコミュニケーションを発達させてきた。しかし、携帯電話の場合、当初は音声ばかりであったが、やがて文字の情報も入手したり送ったりできるようになり、文字、音声両方の発信、受信が可能になった。たしかにPCでもスカイプを使えば会話はできるが、PCは携帯電話よりもはるかに文字中心のメディアである。

携帯電話の進化によって、デジタルメディアのなかでも、無機質な文字だけではなく、音声によりホットな情報が伝えられるようになった。人びとは、文字と音声という二つのコミュニケーション手段を同時に手にすることになった。そして携帯電話は、本来はソフトパワーであるものの、ハードパワーを動かす可能性さえ秘めたものになったのである。

## デジタルメディアの発展

インターネットが民生部門で使われるようになった影響もあり、一九九五年頃からインターネットは、オフラインでは発生しなかった政治的な議論の場になった。二〇〇〇年以降には、政治的な問題を扱うインターネットが拡大した。

表5－1をみると、携帯電話普及率は、先進国と発展途上国のあいだに、あまり差異がないことがわかる。たしかに二〇〇五年の時点では、先進国が八二・一パーセント、発展途上国が二二・九パーセントと、大きな差があったが、以後、急速に差を縮め、二〇一五年には、その差は三〇パーセントもない。そもそも発展途上国では、固定電話を新しく敷設するよりも、携帯電話を購入させるほうが安く済む。

ところが家庭でのインターネット利用率を見ると、先進国と発展途上国の差異はなお大きい。二〇〇五年にあった三六・六パーセントの差異は、二〇一五年には四七・二パーセントと、むしろ拡大している。

ついで、地域別の携帯電話利用率を見てみよう。アフリカの利用率は、やはり低い。これは所得水準の低さに由来するものと思われる。ＣＩＳ（独立国家共同体）、ヨーロッパ、アメリカ大陸の高さは、おそらく所得水準の高さが要因となっている。さらに、アラブの携帯電話利用率が高いのは興味深い。

家庭でのインターネット利用率は、ヨーロッパがもっとも高く、アメリカ大陸とＣＩＳ

| | 100人あたり | | | | | | | | | | |
|---|---|---|---|---|---|---|---|---|---|---|---|
| | 2005 | 2006 | 2007 | 2008 | 2009 | 2010 | 2011 | 2012 | 2013 | 2014 | 2015* |
| **携帯電話保有率** | | | | | | | | | | | |
| 先進国 | 82.1 | 92.9 | 102.0 | 107.8 | 112.1 | 113.3 | 113.5 | 116.0 | 118.4 | 119.9 | 120.6 |
| 発展途上国 | 22.9 | 30.1 | 39.1 | 49.0 | 58.2 | 68.5 | 77.4 | 82.1 | 87.8 | 91.1 | 91.8 |
| 世界 | 33.9 | 41.7 | 50.6 | 59.7 | 68.0 | 76.6 | 83.8 | 88.1 | 93.1 | 96.1 | 96.8 |
| **家庭でのインターネット利用率** | | | | | | | | | | | |
| 先進国 | 44.7 | 48.2 | 53.4 | 57.7 | 62.6 | 66.3 | 69.3 | 72.6 | 76.3 | 78.6 | 81.3 |
| 発展途上国 | 8.1 | 9.6 | 11.2 | 12.3 | 13.6 | 16.4 | 20.5 | 24.2 | 28.6 | 31.5 | 34.1 |
| 世界 | 18.4 | 20.5 | 23.0 | 24.8 | 27.0 | 29.9 | 33.6 | 37.1 | 41.2 | 43.9 | 46.4 |
| **インターネットを利用する個人の率** | | | | | | | | | | | |
| 先進国 | 50.9 | 53.5 | 59.0 | 61.3 | 62.9 | 66.5 | 67.7 | 73.8 | 76.9 | 79.5 | 82.2 |
| 発展途上国 | 7.8 | 9.4 | 11.9 | 14.6 | 17.4 | 21.1 | 24.1 | 27.0 | 29.5 | 32.4 | 35.3 |
| 世界 | 15.8 | 17.6 | 20.6 | 23.1 | 25.6 | 29.2 | 31.8 | 35.2 | 37.8 | 40.6 | 43.4 |
| **携帯電話利用率** | | | | | | | | | | | |
| アフリカ | 12.4 | 17.8 | 23.5 | 32.2 | 38.0 | 45.4 | 52.3 | 58.9 | 65.6 | 71.2 | 73.5 |
| アラブ | 26.8 | 38.8 | 52.6 | 63.2 | 76.5 | 87.9 | 99.1 | 105.4 | 110.4 | 109.7 | 108.2 |
| アジア・太平洋 | 22.6 | 28.8 | 37.1 | 46.6 | 56.3 | 67.3 | 76.5 | 80.9 | 86.7 | 90.6 | 91.6 |
| CIS | 59.7 | 81.8 | 96.1 | 111.6 | 126.8 | 134.2 | 127.2 | 130.5 | 137.0 | 137.7 | 138.1 |
| ヨーロッパ | 91.7 | 101.2 | 111.7 | 117.0 | 116.8 | 115.0 | 117.9 | 119.6 | 120.1 | 120.5 | 120.6 |
| アメリカ大陸 | 52.1 | 62.0 | 72.1 | 80.8 | 87.3 | 94.0 | 100.6 | 103.9 | 107.7 | 108.2 | 108.1 |
| **家庭でのインターネット利用率** | | | | | | | | | | | |
| アフリカ | 1.0 | 1.3 | 1.5 | 1.8 | 2.5 | 3.7 | 5.9 | 7.5 | 8.6 | 9.7 | 10.7 |
| アラブ | 9.5 | 11.2 | 13.4 | 15.2 | 19.0 | 24.4 | 28.8 | 31.2 | 34.7 | 38.0 | 40.3 |
| アジア・太平洋 | 11.8 | 13.5 | 15.8 | 16.6 | 17.8 | 20.1 | 24.1 | 28.0 | 33.3 | 36.3 | 39.0 |
| CIS | 11.1 | 14.0 | 16.8 | 20.7 | 26.1 | 33.0 | 38.1 | 43.4 | 54.3 | 57.2 | 60.1 |
| ヨーロッパ | 42.0 | 46.4 | 51.7 | 57.8 | 62.4 | 67.8 | 70.7 | 74.0 | 76.0 | 79.0 | 82.1 |
| アメリカ大陸 | 32.7 | 34.5 | 36.8 | 38.9 | 42.2 | 44.4 | 48.2 | 51.8 | 54.7 | 57.3 | 60.0 |
| **個人のインターネット利用率** | | | | | | | | | | | |
| アフリカ | 2.4 | 3.3 | 3.9 | 5.9 | 7.3 | 9.8 | 12.6 | 14.4 | 16.7 | 18.9 | 20.7 |
| アラブ | 8.3 | 11.1 | 13.4 | 16.2 | 19.1 | 24.3 | 26.5 | 29.4 | 32.2 | 34.7 | 37.0 |
| アジア・太平洋 | 9.4 | 10.6 | 13.4 | 16.2 | 18.9 | 22.5 | 25.2 | 28.4 | 30.7 | 33.8 | 36.9 |
| CIS | 10.3 | 12.6 | 16.8 | 19.5 | 23.8 | 34.0 | 40.7 | 50.7 | 54.8 | 57.4 | 59.9 |
| ヨーロッパ | 46.3 | 49.7 | 56.0 | 60.2 | 63.2 | 66.6 | 67.8 | 70.0 | 71.7 | 74.5 | 77.6 |
| アメリカ大陸 | 35.9 | 38.8 | 42.7 | 44.1 | 46.1 | 48.6 | 51.0 | 56.4 | 60.4 | 63.1 | 66.0 |

**表５-１　デジタルメディア普及率**
***推計値**
**出典:https://www.itu.int/en/ITU-D/Statistics/Pages/stat/default.aspx**

がそれにつぐ。明らかに所得水準の相違を反映しているといえるだろう。

個人のインターネット利用率については、ヨーロッパがもっとも多く、それについでアメリカ大陸がくる。この項目でも、アフリカの比率は非常に低く、アラブ、アジア・太平洋の割合も低い。

携帯電話は以前なら単に電話と同じ機能しか備えていなかったが、現在では、画像も動画も見ることができる。携帯電話の普及により、世界は大きく縮まったのである。

## インターネットがつくる社会

インターネットでは、国境を越えて情報のやりとりができる。毎朝会社に到着すると、まず海外からのメールのチェックをするというビジネスパーソンは、決して少なくない。近世の商人と同じように、現代の人びとも国境を越える。ただ、近世であれば、商人自身が移動していたが、現代においては、人間自体の移動は不必要になったというところが違う点である。

一八世紀末に腕木通信が誕生するまでは、人間が移動しないかぎり情報は移動しない社会であったと言って、問題あるまい。電信が登場すると、人間が動かずとも、情報が動くようになった。電話では、肉声が聞こえるので、遠いところにいる人と、より密接なコミュニケーションをとることができた。そして、インターネットによって、どこにいても、世界中の情報が集まるようになった。

インターネット販売会社でさまざまな商品を購入するのが当たり前になり、そのために消費スタイルが大きく変わった。スーパーマーケットや百貨店など、店舗型の小売業は、今後、経営がますます厳しくなるであろう。

インターネットでの注文に応じるために巨大な倉庫がつくられ、二四時間フル回転で人びとが働いている。そこで働く人たちは、総じて給料が低い。インターネットの世界は、ワーキングプアと呼ばれる人びとを、加速度的に増やしているのかもしれない。

一九世紀におけるヨーロッパとアジア・アフリカでは、工業国である前者が第一次産品輸出国の後者を搾取するという関係があった（その名残のため、現在でもアジアやアフリカの一部はまだ貧しい）。同じような支配＝従属の関係が、現在では、インターネットの世界において見られるように思われる。インターネットによって生活が便利になる反面、過酷な労働に従事する人びともいるという事実は、決して忘れるべきではない。

インターネットがもたらした状況は、新しいタイプの支配＝従属関係なのかもしれない。この関係には、国家は直接関与しない。消費者と、消費者の注文を受けた会社と、低賃金で働く人びととのあいだの支配＝従属関係である。われわれは知らず知らずのうちに、そのような関係に巻き込まれているのである。

### 情報による不安定性と政治——アラブの春

情報による不安定性は、言うまでもなく、経済面にとどまる現象ではない。二〇一〇年から二〇一二年にかけ、アラブ世界においてそれまでになかったような規模の反政府デモが起こった。この運動を総称して、「アラブの春」という。とくに重要だったのは、チュニジア、エジプト、リビア、イエメンである。

チュニジアでは、二〇一〇年一二月一七日、ある青年が焼身自殺するという事件が起こったのをきっかけとして、反政府デモが国内全土に拡大することになった。しかも軍部が離反したため、二〇一一年一月一四日にザイン・アル＝アービディーン・ベン＝アリー大統領がサウジアラビアに亡命し、二三年間つづいた政権が崩壊した。

この事件は、チュニジアを代表する花の名前をつけ、「ジャスミン革命」と呼ばれる。チュニジアのジャスミン革命に触発され、エジプトで二〇一一年一月から大規模な反政府デモが発生し、ホスニー・ムバーラク大統領は二月一一日、エジプト軍最高評議会に国家権力を委譲し、ムバーラクの独裁政治は終焉した。

リビアでは、二〇一一年二月にカダフィ大佐の退陣を求めるデモが発生・拡大した。やがてNATOとリビア国民評議会を主にした反政府組織の攻撃がはじまり、同年八月二三日に首都のトリポリが陥落した。さらに、国民評議会は一〇月、カダフィのいるシルトを制圧した。カダフィは、このときの攻撃により死亡した。

イエメンでは、サーレハ大統領の退陣を求める運動が活発になったため、二〇一一年二月二日、二〇一三年の次期大統領選に自分が出馬せず、世襲もしないことを発表した。二〇一二年二月二一日には、アブド・ラッボ・マンスール・ハーディーが大統領になった。

このような運動はなぜ起こったのか。なぜ、アラブの春は発生したのか。

もちろん、さまざまな視点から分析することができるだろうが、「情報」という観点から考えてみると、アメリカの技術であるインターネットがアラブの春をもたらしたといえるだろう。少なくとも、デジタルメディアの発展がなければ、アラブの春は生まれなかった。

図5-2　エジプトの反政府デモ（写真提供＝Alamy/PPS通信社）

第二次世界大戦後、多数の国が欧米の植民地ではなくなった。しかしながら、これらの旧植民地が、民主主義体制を敷いているわけではない。それゆえ、多くの人びとの不満が、これらの地域で高まっている。彼らを結びつける絆《きずな》は、じつはインターネットや携帯電話というデジタルメディアである。

デジタルメディアをコントロールできる国は、もはや世界中に存在しない。世界は、情報の不安定性によって翻弄される社会となっているのである。

デジタルメディアとは、比較的最近に誕生した新しい情報の生産と伝達を担うメディアである。その誕生以前には、電信や電話などが大きな役割を果たしていた。つぎに、どのようにしてデジタルメディアが広がっていったのか、マクロな視点からとらえてみたい。

## アラブの春とデジタルメディア

表5－2にあげた四ヵ国——チュニジア、エジプト、リビア、イエメン——のなかで、イエメンだけが突出して携帯電話保有率が低い。その一方で、リビアの高さには、目を見張るものがある。

人びとは携帯電話でメッセージを流し、さらにYouTubeに自国のひどい状態の映像をアップロードした。そのためチュニジア、エジプト、リビアでも反政府活動が活発にな

| 国名 | 2000 | 2001 | 2002 | 2003 | 2004 | 2005 | 2006 | 2007 |
|---|---|---|---|---|---|---|---|---|
| チュニジア | 1.25 | 4.03 | 5.89 | 19.47 | 37.55 | 56.52 | 72.23 | 76.34 |
| エジプト | 2.06 | 4.16 | 6.58 | 8.35 | 10.83 | 18.99 | 24.66 | 40.54 |
| リビア | 0.77 | 0.95 | 1.31 | 2.34 | 9.08 | 35.75 | 69.07 | 77.83 |
| イエメン | 0.18 | 0.82 | 2.62 | 3.54 | 7.53 | 11.31 | 14.41 | 20.53 |

| 国名 | 2008 | 2009 | 2010 | 2011 | 2012 | 2013 | 2014 |
|---|---|---|---|---|---|---|---|
| チュニジア | 82.78 | 93.21 | 104.54 | 115.20 | 118.11 | 115.60 | 128.49 |
| エジプト | 54.69 | 72.10 | 90.50 | 105.08 | 119.92 | 121.51 | 114.31 |
| リビア | 125.56 | 159.85 | 180.45 | 163.85 | 155.77 | 165.04 | 161.12 |
| イエメン | 29.70 | 37.40 | 48.70 | 50.07 | 58.28 | 69.01 | 68.49 |

**表5-2　チュニジア・エジプト・リビア・イエメンの100人あたりの携帯電話普及率**

**出典：https://www.itu.int/en/ITU-D/Statistics/Pages/stat/default.aspx**

った。

すべての人びとがインターネットを利用できる環境にあったわけではないが、携帯電話は、コミュニケーションギャップを埋める点で重要な役割を果たした。したがって抗議運動をした人びとは、携帯電話を所有していたか、ブロガーやモバイル市民ジャーナリストのグループに参加していた。

カダフィはリビアの携帯電話ネットワークを機能不全にしようとしたが、つぎつぎとどこからともなく敵対者が現れるため、ある電話がどこにつながっているのか、わからなくなった。したがって、対処の方法が

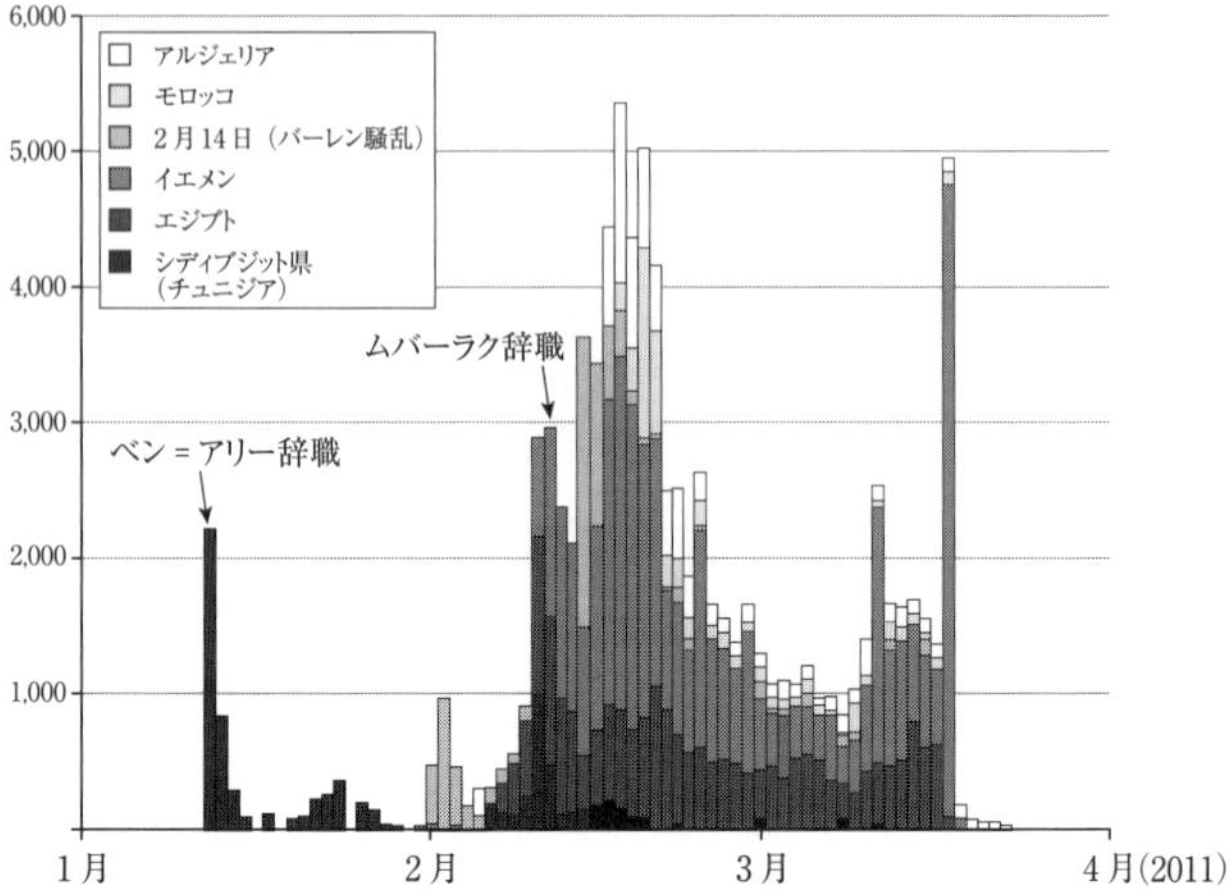


**図5-3　隣国にハッシュタグを使ったツイート数**
出典：Philip N. Howard and Muzammil M. Hussain, *Democracy's Fourth Wave?: Digital Media and the Arab Spring,* Oxford, 2013, p.54.

なかったというのが現実であった。携帯電話による音声の伝達が、大きな影響力を及ぼした。

イエメンは、国内ではあまりインターネットが普及していない国であった。そのイエメンでは、ハッシュタグを使ったツイートが多かったことが、図5－3から読み取れる。過剰結合を表す事例といってよかろう。

デジタルメディアは、国を越えた政治的反体制運動の手段となった。かなり異なる歴史的・政治的伝統を持つ国々が、デジタルコミュニケーションをとれるようになってから、政治的に同じような変化を経験することが増え、さらにその経験を共有化できるようになったのである。それが独裁政権を倒すパワーになった。

## ソフトパワーがつくるハードパワー

どのような人も、政治にある程度の不満を抱いているだろう。もし不満の程度が高い人がたくさんいるような国であれば、何かがきっかけとなって、携帯電話を通じ、そのような人びとの連帯が生まれ、社会運動となってもまったく不思議ではない。

その規模が大きくなればなるほど、社会運動としては激しいものとなり、人びとが武器を持ち、政府を転覆させるような事態にまで拡大する。その社会運動が目的を果たさずに終わったとしても、ときとして大きな反響を生む。

ソフトパワーが、ハードパワーへと転換したのである。

アラブの春とはおそらく、そういう出来事の一つなのであろう。欧米のメディアの一部は、これを民主化の動きととらえているようである。デジタル・デモクラシーという言い方もある。しかし、そうした表現はまちがいとはいえないが、あまりに一面的な見方であろう。そこにあるのは、むしろ情報による不安定性ではないだろうか。

デジタルメディアの特徴は、人びとを統括するリーダーがいない点に求められよう。ツイッターからの発信に対して別の人がリツイートする。そのようなことをくりかえして、運動が拡大する。そこには、同じ目的を持っている人びと、あるいはそう思っている人びとが多数いたとしても、目的を達成したあとでいったい何をおこなうべきかという発想は乏しい。

もっとも、こうしたことは、これまでのほぼすべての革命的行為にいえることだろう。建設するよりも破壊する方がたやすい。人びとは破壊することに主眼を置く。一から建設することは、破壊するよりもはるかに困難な道を歩かなければならない。だからこそあらゆる革命的行為のあとには、険しく、ときとして残酷な道が待っている。

デジタルメディアは、そうした事実をさらに強化したといえよう。見知らぬ人びとの連帯を強め、一瞬のうちに人びとが集う。破壊がなされる。言い換えれば、「過剰結合」である。そのあとに待ち受けているのは、必ずしもより良い新たな社会の建設ではない。明確なヴィジョンなき破壊のあとには、もしかしたらよりたいへんな生活が待っているだけかもしれない。

それが、情報による不安定性がもたらすマイナス面であろう。情報による不安定性は、経済生活のみならず、政治面においても深く浸透しているのである。

情報による不安定性により、世界は多様化し、どのような国も国際機関も、経済・政治面での不安定性をコントロールできなくなっているのが、現代なのである。

## 新しいシステムへ

この、コントロールがきかない状況は、近代世界システムが消滅しつつある現在の世界の姿である。情報という観点からとらえるなら、中核も周辺も半周辺も、もはや存在しない状況が生まれつつある。新しいシステムとは、近代世界システムと異なり、中核を欠くシステムになるものと予想される。

近代世界システムとは、あくまで経済のシステムであり、中核国とは、政治ではなく、経済の中心である。インターネットの不安定性がもたらしたのは、中核がない世界である。「はじめに」でも述べたように、中国であれアジアのどの国であれ、アメリカのつぎにヘゲモニー国家になることはないだろうと推測される。世界の情報は、凝集力を欠くこととなる。経済的凝集力のない世界システムとは、経済的中心が存在しないシステムである。「ポスト・アメリカ」という概念そのものが成り立たないのである。

そのような世界の誕生に、われわれは立ち会っているといえよう。

デジタルメディアの発達によって、情報は、誰もが、そしてどこからでも発信できるようになった。近代世界システムの特徴として、（商業）情報の均質化がある。それは、中核国を通じて実現されてきた。しかし新しく誕生しつつあるシステムでは、それは世界中に散在するデジタルメディアを通してなされる。やがて、情報発信の中心は存在しなくなるであろう。それは、すべての人が情報の発信者になりえるという点で、平等な社会を形成した。

しかし同時に、情報による不安定性という問題をたえず抱え込んだ社会ももたらした。ポスト・近代世界システムの社会は、金融危機が頻繁に生じる可能性があり、さらにいつ、どこで、どのようなかたちで社会的騒乱が生じるのかわからない社会である。

# おわりに　中核なき時代

## オランダからイギリスへ

通常、「ヘゲモニー」という用語には、政治的な意味が込められている。本書では、「ヘゲモニー」を経済的な意味に限定して用いているが、必然的に、政治的次元の議論もしなければならなかった。

何度も述べたように、世界史上、ヘゲモニー国家とは、三つしかなかった。オランダ、イギリス、アメリカである。

オランダのアムステルダムには、一五四〇年以降、現在のベルギーに位置するアントウェルペンからの移民が流入した。

アントウェルペンの金融市場には、南ドイツからの銀に加え、スペイン領アメリカからも銀が輸入された。そしてポルトガル王、イングランド王、コジモ・デ・メディチなどが、アントウェルペンの短期信用の顧客となった。アントウェルペンは、ヨーロッパ最大の金融市場へと成長したのである。

そのアントウェルペンの取引相手地域として、ドイツの後背地、中欧、イングランド、イベリア半島などがあった。そして、低地地方の物産のみならず、イングランド産毛織物、ポルトガルからの香辛料などの商品が取引された。

アントウェルペン市場の規模は、このようなものであった。それに対しアムステルダム経済の基盤は、バルト海貿易にあった。バルト海貿易は、オランダの「母なる貿易」と呼ばれ、オランダ経済の盛衰を規定したといって過言ではない。バルト海地方、とくにポーランドからアムステルダムに大量の穀物が輸入され、そこからヨーロッパ各地に輸出された。

また、オランダ東インド会社の本部は、アムステルダムにあった。さらにアムステルダムは、新世界貿易との関係も深かった。

たしかに、アントウェルペンは、アムステルダムの興隆に大きく貢献した。しかしこの二都市の商業圏の大きさを比較すれば、アムステルダムの方が圧倒的に大きかった。アムステルダムが、ヘゲモニー国家オランダの経済的中心都市になれたのは、このような商業圏の広さによる。

アムステルダムのあとでヨーロッパ経済の中心都市となったのは、ロンドンであった。そしてアムステルダム商人は、イギリス国債購入のために巨額の投資をしたと考えられている。

アムステルダムとロンドンの距離は、じつはかなり近い。現在なら、有視界飛行で四〇分間ほどである。さらに、近世においても、この二都市間の船による移動は天候が良ければ、一日しかかからなかった。

オランダからイギリスへというヘゲモニー国家の移行は、一見すれば、あまり大きな意味を持っていなかったように思われよう。

しかし、アムステルダムとロンドンの位置づけは大きく異なる。イギリスの歴史家ポール・オームロッドの見解では、アムステルダムが商人のネットワークからなる旧来のステープル・システム（商品の流通システム）にすぎなかったのに対し、ロンドンは後背地を持ち、統合された国民経済を持つ近代的メトロポリスであった。したがってロンドンを基軸とするイギリス国家の台頭は、新しいタイプの「帝国」の形成を意味したのである。イギリス「帝国」を中心とするシステムは、一九世紀後半になって世界を席巻することになった。

アムステルダムからロンドンへというヘゲモニー国家の中心都市の移動は、じつはこのような変化を意味したのである。

## イギリスの例外性

イギリスがヘゲモニー国家となる過程で、名誉革命（一六八八年）からナポレオン戦争の終焉（一八一五年）まで、フランスと何度にもわたる戦争をくりひろげた。そのため、イギリスの戦費はうなぎのぼりに増え、借金額も、大きく上昇した。フランスの人口はイギリスの二～四倍であり、まともに戦えば、フランスが勝利しても不思議ではなかった。

さらにフランス語は、ヨーロッパの共通語であった。かつてラテン語で作成されていた条約などは、フランス語で作成されるようになった。フランスは、明らかにイギリスよりも有利な立場にいたように思われる。

グローバル・ヒストリー研究の第一人者であるパトリック・オブライエンの考えでは、イギリスはそのようななか、暴力的手段によって市場を保護し、しかも重要なことに、所得弾力性が高い（経済の成長率以上にその商品を購入する比率が増える）財に税金をかけることで、借金の返済に成功したのである。

オブライエンによれば、イギリスが発展を遂げたのは、一八世紀の時点において金融財政システムが中央集権化したことにある。彼は、これを「イギリスの例外性」という。イングランド銀行が国債を発行し、その返済を議会が保証するファンディング・システムが、中央集権化の中核をなした。金融財政システムの中央集権化は、他国では、一九世紀になってようやく見られたというのである。

私の考えでは、それ以外にも、イギリスの例外性を示す二つの現象があった。航海法に代表されるように、海運業の発展を国家が促進したこと、そして大西洋経済における綿生産システムの形成である。

ポルトガル、スペイン、フランス、オランダ、デンマークなども、イギリスと同様、大西洋貿易に参画した。大西洋貿易とは、西アフリカから黒人奴隷を中南米に輸送し、彼らに砂糖（サトウキビ）を生産させるという方法が中心であった。

イギリスはそれに加えて、大西洋貿易において、西アフリカの黒人を新世界に輸送し、プランテーションで栽培させた綿花を本国に送って綿製品を生産するシステムを構築し、産業革命を遂行することにより、経済を大きく飛躍させたのである。

## 電信の役割

イギリスは、一八世紀末に、オランダを抜き、世界最大の海運国家となった。さらに、一九世紀後半になると、蒸気船の発達により、急速に海運業を発展させた。

帆船の時代には、船舶は多数の港に停泊していた。貿易商人はそのたびにさまざまな異文化に接触することになった。だが一九世紀後半の蒸気船の時代になると、商人が接触する異文化の数そのものが減り、いくつもの異文化交易圏を飛び越えて、目的地まで航海できるようになった。

イギリス帝国とは、多数の異文化が混在した帝国であり、広大な帝国を統治するために、電信を使って帝国各地に情報を流し、さらに帝国各地からの情報が本国へと伝えられた。

イギリス帝国は、世界史上最大の帝国になった。その帝国の情報をつないだのは、電信であった。いや、電信の役割はそれだけにとどまらなかった。イギリスは、世界中に電信網を張りめぐらせた。世界の多くの地域では、イギリス製の電信を使うことを余儀なくされた。それゆえ、世界経済が成長すればするほど、イギリスの電信を使わなければならず、イギリスに使用料が流入する構造ができあがった。イギリス経済が、世界経済の規範を決めた。これほど強力なヘゲモニー国家は、ほかになかったのである。

## アメリカのヘゲモニーから近代世界システムの崩壊へ

第二次世界大戦のあいだに、連合国軍は、暗号解読の技術を急速に発展させた。もし電信というものがなければ、連合国の勝利はなかったかもしれない。

この点について、『インヴィジブル・ウェポン』を書いたヘッドリクは、つぎのようにいう。

連合国の優位性はもちろん幸運という要素もあったが、しかしその結果は、グローバルな電信を支配してきた七〇年にわたるイギリスの経験によるものが大きかった。（中略）その内側には今日まで続く北大西洋連合が形成され、そしてその中核において（しばしば陰謀と呼ばれる）長期に渡る米英の友好関係が存在した。敗北を避けるため、イギリスは、世界に占める自己の立場を――グローバルな情報の流れを統括する役割を含む――アメリカに遺産として譲ったのであった。（中略）戦争が近づくなか、イギリスは、三つの同心円的な同盟を形成した。

（ダニエル・R・ヘッドリク著、横井勝彦、渡辺昭一監訳『インヴィジブル・ウェポン――電信と情報の世界史　１８５１－１９４５』日本経済評論社、二〇一三年、三六二頁）

第二次世界大戦のあいだに、イギリスは、グローバルな情報の流れを統括する役割を含む世界に占める自己の立場を、アメリカに遺産として譲った。

アメリカは、世界の情報の中心となった。アメリカで発展した通信道具は電話であったが、イギリスの電信と違い、アメリカの電話は、国民経済の形成に寄与したものの、ヘゲモニーの獲得に直接役立つことはなかった。

アメリカのヘゲモニーは、ブレトン・ウッズ体制を基盤としていた。換言すれば、IMF、世界銀行を中心とする国際機関、金本位制にもとづく固定相場制、そして電話の使用をともなった巨大で均質な情報を持つ国内市場をベースとする多国籍企業が価格決定力を得ていたことに依存していた。そのようなアメリカのソフトパワーのシンボルとして、電話があった。戦後しばらくのあいだ、アメリカ的生活様式は、世界のいくつもの地域の憧れの的であった。そして、ニューヨークが、世界の（商業）情報の中心であった。

それらは、基本的に一九七〇年代初めに崩壊したのである。

しかしながら、アメリカのヘゲモニーが復活する可能性がある情報システムが生まれた。インターネットである。けれどもインターネットは、結局アメリカのヘゲモニーの復活にはつながらなかった。

インターネットは、アメリカの軍事技術から生まれた。それをアメリカ政府が、民生用に開放すると、あっという間にアメリカだけではなく、他の地域でも使用されるようになった。インターネットで使用される言語のほとんどは英語であるが、かといって、アメリカが、インターネット利用の支配者であるというわけではない。

情報を発信するうえで、もはや中心と呼ぶことができる場所はなくなりつつある。世界のすべての地域から、情報は発信できる。

そもそも、近代世界システムとは、情報の非対称性が少なくなることを特徴としていた。なるほど、近世のヨーロッパと比較するなら、そのような社会が存在するようになったといってよいであろう。

だが、デジタルメディアが発達しているため、あまりに容易に世界中に情報が発信され、情報が過多になり、何が正しい情報かわからなくなり、情報による不安定性が、世界のあちこちで生じるようになっている。

それは、近代世界システムの終焉と、新しいシステムの誕生を意味しているように思われる。

一九世紀から二〇世紀の世界で見られた第一次産品の供給地域を工業地域が搾取するという形式ではなく、一般の消費者が、デジタルメディアの使用を通じて、一般の労働者から収奪するという新しいシステムが誕生した。

ウォーラーステインによれば、飽くなき利潤追求が、近代世界システムの特徴である。ところが新しいシステムが生まれようとしている現在において、情報の中心がなくなっても、形態を変え、支配＝従属関係はつづいている。

## 未開拓の土地のない世界

経済学でときおり使われる用語として、「未開拓の土地」(ghost acreage)がある。まだ開拓していない地域があれば、経済は成長できるということを意味する。しかし現代社会において、未開拓な土地などない。近代世界システムとは、持続的経済成長を前提とする。すなわち、たえず成長しつづけるシステムである。そのために、「未開拓の土地」は不可欠なのだが、もはやそれがなくなっていることに、われわれは目を向けるべきであろう。

持続的経済成長の前提条件として、人口がたえず増加し、人口ピラミッドが美しい三角形をなしているということがあった。ところが、どの先進国でも高齢化が進み、持続的経済成長の前提条件はすでに崩壊してしまった。

近代世界システムの特徴である飽くなき利潤追求が可能であった時代は、もう終わりつつある。しかし人びとはなお、飽くなき利潤追求をしようとしている。

会社は株主の「所有物」といわれるが、しかしその株主は、みずからが所有する会社で働く人びとの幸福は考えないのである。株主資本主義の首唱者たちは、従業員の賃金にはほとんど関心を示さない。

株主は、短期的利益を追求する。労働者は育てるのではなく、どこからか優秀な労働者をヘッドハンティングすればよいと考えている。経営者は、株主からの圧力に対応するため、リスクを冒してでも短期的な利益を上げようとする。リーマンショックとは、本質的にはこのようなシステムから生まれた。このような傾向を悪化させ、金融市場を混乱させるのは、発達したインターネットである。われわれは、金融危機がいつ発生し、どのように世界中に飛び火するのか予測できない社会に生きている。

株主は短期的に利益を出し、いざとなれば会社を売って儲ければよい。儲からない会社を買った株主と、その会社で働く従業員が大きな損害を被るなどとは考える必要はない。それが、現在のビジネスの実態といって過言ではないであろう。「未開拓の土地」がなくなっているにもかかわらず、「未開拓の土地」があるという前提で企業活動をしてきた、近代世界システムの負の遺産である。

さらに現在の資本主義社会では、株主にとっての新しい「未開拓の土地」とは、本来労働者が手にするはずの賃金を意味しているように思われる。現代社会の大きな問題点として、世界中で富める人びとと貧しい人びとの格差の拡大があるのは言を俟たない。それは、株主らが、新しい利潤の源泉を、本来ならば労働者の手に入るはずの賃金に見出していることに由来しよう。

飽くなき利潤を追い求め、短期的な利潤を追求しようとする動きに対しては、たとえば、猪木武徳からつぎのような批判がある。

人材の育成は「持続と蓄積」の精神を必要とし、公的な理念をベースとした、一時的な利益や成果に左右されない長期的視野に立った制度が不可欠である。しかし日本の現状は、労働力の流動化・非正規化、賃金・給与の短期的成果主義に見られるような、近視眼的政策への傾斜を強めているように筆者の眼には映る。（猪木武徳『増補　学校と工場——二十世紀日本の人的資源』ちくま学芸文庫、二〇一六年、四〇三頁）

このような批判は、何度も、そしてさまざまな人により出されていることだろう。にもかかわらず、企業が短期的成果しか求められないのは、先に述べたように近代世界システムと新しく生まれつつあるシステムの構造の問題に由来するものと思われる。

近代世界システムでは、「未開拓の土地」ないし新しいマーケットがあるかぎり経済成長ができたし、人材を育てる余力があった。しかしもはや「未開拓の土地」がなくなった世界においては、人材を育てる余裕がない。労働者が手にするはずの賃金は、飽くなき利潤追求によって減少しつつある。

しかも、デジタルメディアによって、その傾向はさらに強くなっている。すでに述べたように、インターネットでの注文に対応するために巨大な倉庫があり、そこで働く人びとの賃金は非常に低い。さらにインターネットは、世界の裏側から商品を取り寄せることさえ容易にした。しかしわれわれには、地球の裏側で働く人びとにじゅうぶんな賃金が支払われているかどうか、子どもが働かされていないかどうかを、調べる術はないのだ。したがって、人は知らず知らずのうちに、貧困にあえいでいる人たちから搾取する可能性がある。

近代世界システムの国際分業体制における支配＝収奪関係では、おもに中核国が周辺地域を収奪した。そこには、中心となる国が存在した。しかしデジタルメディアによる支配＝収奪関係には、中心は存在せず、誰もが、意図せず、そして知らぬ間に、誰かを支配＝収奪しているかもしれない。

現在の世界は、経済的中核がない時代に突入しようとしている。たとえ巨大な政治力を持つ国家があったとしても、経済的カオスを抑制することは難しい。さらに、情報による不安定性のために、現代社会は、ふとしたことで社会的騒乱が生じかねない世界となっている。それに対応することもまた、容易ではない。デジタルメディアは、そういう社会を創出しつつあるのだ。

未来のことは誰にもわからないが、新しいシステムがこのような問題を内包していることはたしかである。

# 主要参考文献

## 日本語文献

石原藤夫『国際通信の日本史——植民地化解消へ苦闘の九十九年』東海大学出版会、一九九九年
猪木武徳『戦後世界経済史——自由と平等の視点から』中公新書、二〇〇九年
猪木武徳『増補　学校と工場——二十世紀日本の人的資源』ちくま学芸文庫、二〇一六年
ウェーバー、マックス著（梶山力訳、安藤英治編）『プロテスタンティズムの倫理と資本主義の《精神》』未来社、一九九四年
大黒俊二「コトルッリ・ペリ・サヴァリ——『完全なる商人』理念の系譜」『イタリア学会誌』第三七巻、一九八七年
大黒俊二『声と文字』岩波書店、二〇一〇年
ウォーラーステイン、イマニュエル著（川北稔訳）『近代世界システム』一〜四巻、名古屋大学出版会、二〇一三年
ウォーラーステイン、イマニュエル編（丸山勝訳）『転移する時代——世界システムの軌道　1945−2025』藤原書店、一九九九年。
岡田泰男『アメリカ経済史』慶應義塾大学出版会、二〇〇〇年
オブライエン、パトリック著（秋田茂・玉木俊明訳）『帝国主義と工業化　1415〜1974——イギリスとヨーロッパからの視点』ミネルヴァ書房、二〇〇〇年
オルドクロフト、デレック・H著（玉木俊明・塩谷昌史訳）『20世紀のヨーロッパ経済　1914〜2000年』晃洋書房、二〇〇二年。
ガットマン、ハーバート・G著（大下尚一・野村達朗・長田豊臣・竹田有訳）『金ぴか時代のアメリカ』平凡社、一

九八六年
カーティン、フィリップ・D著（田村愛理・中堂幸政・山影進訳）『異文化間交易の世界史』NTT出版、二〇〇二年
川北稔『工業化の歴史的前提――帝国とジェントルマン』岩波書店、一九八三年
グリック、ジェイムズ（楡井浩一訳）『インフォメーション』新潮社、二〇一三年
沢木耕太郎『深夜特急』全六巻、新潮文庫、一九九四年
スタンデージ、トム著（服部桂訳）『ヴィクトリア朝時代のインターネット』NTT出版、二〇一一年
ステイル、ベン著（小坂恵理訳）『ブレトンウッズの闘い――ケインズ、ホワイトと新世界秩序の創造』日本経済新聞出版社、二〇一四年
ストレンジ、スーザン著（西川潤・佐藤元彦訳）『国際政治経済学入門――国家と市場』東洋経済新報社、一九九四年
ストレンジ、スーザン著（小林襄治訳）『カジノ資本主義』岩波現代文庫、二〇〇七年
高橋理『ハンザ「同盟」の歴史――中世ヨーロッパの都市と商業』創元社、二〇一三年
玉木俊明『北方ヨーロッパの商業と経済――1550－1815年』知泉書館、二〇〇八年
玉木俊明「『情報の世界史』構築に向けて」『京都マネジメント・レビュー』第一三号、二〇〇八年
玉木俊明『近代ヨーロッパの誕生――オランダからイギリスへ』講談社選書メチエ、二〇〇九年
玉木俊明『近代ヨーロッパの形成――商人と国家の近代世界システム』創元社、二〇一二年
玉木俊明『海洋帝国興隆史――ヨーロッパ・海・近代世界システム』講談社選書メチエ、二〇一四年
玉木俊明『ヨーロッパ覇権史』ちくま新書、二〇一五年
玉木俊明『歴史の見方――西洋史のリバイバル』創元社、二〇一六年
ダビドウ、ウィリアム・H（酒井泰介訳）『つながりすぎた世界――インターネットが広げる「思考感染」にどう立ち向かうか』ダイヤモンド社、二〇一二年

チャンドラーJr.、アルフレッド・D著（鳥羽欽一郎・小林袈裟治訳）『経営者の時代』上下、東洋経済新報社、一九七九年
ドイル、アーサー・コナン著（日暮雅通訳）「踊る人形」『シャーロック・ホームズの生還』光文社文庫所収、二〇〇六年
徳橋曜「中世地中海商業と商業通信——14世紀前半のヴェネツィアの場合」『イタリア学会誌』第三六巻、一九八六年
トレメイン、ピーター著（甲斐萬里江訳）『消えた修道士』下、創元推理文庫、二〇一五年
中野明『腕木通信』朝日選書、二〇〇三年
ハルバースタム、デイヴィッド著（峯村利哉訳）『ザ・フィフティーズ』1、ちくま文庫、二〇一五年
ヘッドリク、ダニエル・R著（横井勝彦・渡辺昭一監訳）『インヴィジブル・ウェポン——電信と情報の世界史　1851-1945』日本経済評論社、二〇一三年
ペティグリー、アンドルー著（桑木野幸司訳）『印刷という革命——ルネサンスの本と日常生活』白水社、二〇一五年
ポメランツ、ケネス著（川北稔監訳）『大分岐——中国、ヨーロッパ、そして近代世界経済の形成』名古屋大学出版会、二〇一五年
ポラード、マイケル著（松村佐知子訳）『グーテンベルク——印刷術を発明、多くの人々に知識の世界を開き、歴史の流れを変えたドイツの技術者』偕成社、一九九四年
マグヌソン、ラース（玉木俊明訳）『産業革命と政府——国家の見える手』知泉書館、二〇一二年
松田裕之『電話時代を拓いた女たち』日本経済評論社、一九九八年
森新太「ヴェネツィア商人たちの『商売の手引』」『パブリック・ヒストリー』第七号、二〇一〇年
吉見俊哉『「声」の資本主義——電話・ラジオ・蓄音機の社会史』講談社選書メチエ、一九九五年
与原裕介「1990年前後のアメリカの技術政策とインターネット」『立命館国際関係論集』第二巻、二〇〇二年

ラークソ、Ｓ＝Ｒ著（玉木俊明訳）『情報の世界史――外国との事業情報の伝達１８１５－１８７５』知泉書館、二〇一四年
『国際パンフレット通信』第六八〇号、一九三四年

## 外国語文献

Ahvenainen, Jorma, *The Far Eastern Telegraphs: The History of Telegraphic Communications between the Far East, Europe, and America before the First World War,* Helsinki, 1981.
Barbour, Violet, *Capitalism in Amsterdam in the 17th Century,* Baltimore, 1962.
Baten, Joerg and Jan Luiten van Zanden, "Book Production and the Onset of Modern Economic Growth", JEL: O14, O40, N10.
Brezis, Elise S., "Foreign Capital Flows in the century of Britain's Industrial Revolution: New Estimates, Controlled Conjectures", *Economic History Review,* Vol.48. No.1, 1995.
Fisher, Claude S., *America Calling: A Social History of the Telephone to 1940,* Berkeley, Los Angels and London, 1992.
Hellman, Lisa, *Navigating the Foreign Quarters: Everyday Life of the Swedish East India Company Employees in Canton and Macao 1730-1830,* Stockholm, 2015.
Howard, Philip N. and Muzammil M. Hussain, *Democracy's Fourth Wave?: Digital Media and the Arab Spring,* Oxford, 2013.
Hubbard, Geoffrey, *Cooke and Wheatstone and the Invention of the Electric Telegraph,* London and New York, 2013.
Huurdeman, Anton A., *The Worldwide History of Telecommunications,* Hoboken, 2003.
Kaukiainen, Yrjö, "Shrinking the world: Improvements in the speed of information transmission, c. 1820-1870", *European Review of Economic History,* Vol.5, 2001.
McCusker, John J. and Cora Gravesteijn, *The Beginnings of Commercial and Financial Journalism : The Commodity Price Currents, Exchange Rate Currents, and Money Currents of Early Modern Europe,* Amsterdam, 1991

McCusker, John J.,"The Demise of Distance: The Business Press and the Origins of the Information Revolution in the Early Modern Atlantic World", *American Historical Review*, Vol.110, No.2, 2005.
Mokyr, Joel, *The Gifts Of Athena: Historical Origins of the Knowledge Economy*, Princeton, 2002.
Ormrod, David, *The Rise of Commercial Empires: England and the Netherlands in the Age of Mercantilism, 1650-1770*, Cambridge, 2003.
Neal, Larry, *The Rise of Financial Capitalism: International Capital Markets in the Age of Reason*, Cambridge, 1990.
Topik, Steven, Carlos Marichal and Zephyr Frank (eds.), *From Silver to Cocaine: Latin American Commodity Chains and the Building of the World Economy, 1500-2000*, Durham and London, 2006.
Trivellato, Francesca, *The Familiarity of Strangers: The Sephardic Diaspora, Livorno, and Cross-Cultural Trade In the Early Modern Period*, New Heaven and London, 2009.
Trivellato, Francesca, Leor Halevi and Catia Antunes (eds.), *Religion and Trade: Cross-Cultural Exchanges in World History, 1000-1900*, Oxford, 2014.
Van Zanden, Jan Luiten, *The Long Road to the Industrial Revolution: The European Economy in a Global Perspective, 1000-1800*, Leiden 2009.
Wenzlhuemer, Roland, "Globalization, Communication and the Concept of Space in Global History", *Historical Social Research*, Vo.35, 2010.
Wenzlhuemer, Roland, *Connecting the Nineteenth-Century World: The Telegraph and Globalization*, Cambridge, 2015.

## URL

http://www.pcatwork.com/semaphore/s003.html
https://www.itu.int/en/ITU-D/Statistics/Pages/stat/default.aspx
http://www.internetlivestats.com/total-number-of-websites/

# あとがき

アイディアだけは、随分と前からあったような気がする。

「情報」という単語を用いたはじめての論文は、「『情報の世界史』構築に向けて」（『京都マネジメント・レビュー』第一三号、二〇〇八年）であった。しかし、情報というかたちがないものを叙述の対象にし、書物の形態をとって可視化するには、かなり時間がかかった。

二〇一四年に知泉書館からセイヤ＝リータ・ラークソ著『情報の世界史――外国との事業情報の伝達　1815－1875』の翻訳を出し、一九世紀の世界で、情報のやりとりのための時間がどのようにして短縮されたのかを明らかにすることができた。翻訳という作業は、当該分野についての知識を増大させるのに最善の方法であり、これにより、一九世紀の情報の流通について、かなりの知識を得ることができた。

さらに同年、講談社選書メチエから『海洋帝国興隆史――ヨーロッパ・海・近代世界システム』を上梓した際、イギリスのヘゲモニーと電信のことについて触れた。読者からもっとも反響があったのはこの箇所であり、そのため、情報に関する歴史書の出版は、もはや不可避だという覚悟が生まれた。

それから一年半ほどの時間をかけ、ようやく完成したのが本書である。読者の期待に応えるだけのできであることを切に願う。

ヘゲモニー国家は、世界経済の中核である。そのような場所に、商業情報が集約されるのは当然であろう。ところが、近代世界システムを提唱したウォーラーステインにそのような発想がないばかりか、情報というものが持つ大きな役割について、日本ではあまりに研究が少ないという気もしているのである。

本書の上梓により、その空隙《くうげき》が埋められ、情報の歴史に興味を持つ方々が増えたとすれば、それに勝る喜びはない。

私が研究している経済史という分野においては、日本では、戦後からかなり長期間にわたり、毛織物の生産が中心テーマであり、綿織物の研究も多い。さらに、砂糖や紅茶、コーヒーなどの消費財の研究も増えてきた。だが、どのような商品も、商品に関する情報がなければ売ることができないのに、情報に関する歴史研究が少ないのは、奇妙というほかない。

さらに、情報によって、世界がどのように変化したのかということを正面から取り扱った歴史研究は随分少ない。情報とは、かたちを持たない無形財である。それを扱うということは、かたちのないものを可視化し、さらに一般の歴史のなかでその重要性を示すということである。本書は、そのために捧げられた研究である。

編集担当の所澤淳さんとは、本書の構成案が完成して以来、メールという「文字」、電話という「音声」、さらには直接会って話をするという「音声」と交した「メモ」という「文字」を組み合わせたかたちで、何度も情報のやり取りをした。その結果、ようやくできあがったのが、この本である。毎回、的確なコメントをいただいた所澤さんに感謝する。

私は、編集者とは、第一の読者だと考えている。それは、読者からの「情報」を誰よりも知っているのは編集者だからである。そして二人の情報の交換により、「情報の非対称性」も、「情報による不安定性」も生じさせることなく、無事、読者のニーズに応えるのみならず、学問的にも質の高い研究を読者に提供できていることを期待する次第である。

二〇一六年六月　京都にて

玉木俊明

講談社現代新書　2386

〈情報《じょうほう》〉帝国《ていこく》の興亡《こうぼう》　ソフトパワーの五〇〇年史《ねんし》

二〇一六年八月二〇日第一刷発行

著　者　玉木俊明《たまきとしあき》


発行者　鈴木　哲

発行所　株式会社講談社
東京都文京区音羽二丁目一二—二一　郵便番号一一二—八〇〇一

電　話　〇三—五三九五—三五二一　編集（現代新書）
〇三—五三九五—四四一五　販売
〇三—五三九五—三六一五　業務

装幀者　中島英樹

印刷所　大日本印刷株式会社

製本所　株式会社大進堂

定価はカバーに表示してあります　Printed in Japan



N.D.C.332.06　213p　18cm
ISBN978-4-06-288386-3

## 「講談社現代新書」の刊行にあたって

教養は万人が身をもって養い創造すべきものであって、一部の専門家の占有物として、ただ一方的に人々の手もとに配布され伝達されうるものではありません。

しかし、不幸にしてわが国の現状では、教養の重要な養いとなるべき書物は、ほとんど講壇からの天下りや単なる解説に終始し、知識技術を真剣に希求する青少年・学生・一般民衆の根本的な疑問や興味は、けっして十分に答えられ、解きほぐされ、手引きされることがありません。万人の内奥から発した真正の教養への芽ばえが、こうして放置され、むなしく滅びさる運命にゆだねられているのです。

このことは、中・高校だけで教育をおわる人々の成長をはばんでいるだけでなく、大学に進んだり、インテリと目されたりする人々の精神力の健康さえもむしばみ、わが国の文化の実質をまことに脆弱なものにしています。単なる博識以上の根強い思索力・判断力、および確かな技術にささえられた教養を必要とする日本の将来にとって、これは真剣に憂慮されなければならない事態であるといわなければなりません。

わたしたちの「講談社現代新書」は、この事態の克服を意図して計画されたものです。これによってわたしたちは、講壇からの天下りでもなく、単なる解説書でもない、もっぱら万人の魂に生ずる初発的かつ根本的な問題をとらえ、掘り起こし、手引きし、しかも最新の知識への展望を万人に確立させる書物を、新しく世の中に送り出したいと念願しています。

わたしたちは、創業以来民衆を対象とする啓蒙の仕事に専心してきた講談社にとって、これこそもっともふさわしい課題であり、伝統ある出版社としての義務でもあると考えているのです。

一九六四年四月　野間省一

## 哲学・思想Ⅰ

66 哲学のすすめ——岩崎武雄
159 弁証法はどういう科学か 三浦つとむ
501 ニーチェとの対話——西尾幹二
871 言葉と無意識——丸山圭三郎
898 はじめての構造主義 橋爪大三郎
916 哲学入門一歩前——廣松渉
921 現代思想を読む事典 今村仁司 編
977 哲学の歴史——新田義弘
989 ミシェル・フーコー 内田隆三
1001 今こそマルクスを読み返す 廣松渉
1286 哲学の謎——野矢茂樹
1293 「時間」を哲学する——中島義道

1315 じぶん・この不思議な存在——鷲田清一
1357 新しいヘーゲル——長谷川宏
1383 カントの人間学——中島義道
1401 これがニーチェだ——永井均
1420 無限論の教室——野矢茂樹
1466 ゲーデルの哲学——高橋昌一郎
1575 動物化するポストモダン 東浩紀
1582 ロボットの心——柴田正良
1600 ハイデガー＝存在神秘の哲学——古東哲明
1635 これが現象学だ——谷徹
1638 時間は実在するか 入不二基義
1675 ウィトゲンシュタインはこう考えた 鬼界彰夫
1783 スピノザの世界——上野修

1839 読む哲学事典——田島正樹
1948 理性の限界——高橋昌一郎
1957 リアルのゆくえ——大塚英志 東浩紀
1996 今こそアーレントを読み直す——仲正昌樹
2004 はじめての言語ゲーム——橋爪大三郎
2048 知性の限界——高橋昌一郎
2050 超解読！ はじめてのヘーゲル『精神現象学』 竹田青嗣 西研
2084 はじめての政治哲学 小川仁志
2099 超解読！ はじめてのカント『純粋理性批判』 竹田青嗣
2153 感性の限界——高橋昌一郎
2169 超解読！ はじめてのフッサール『現象学の理念』——竹田青嗣
2185 死別の悲しみに向き合う——坂口幸弘
2279 マックス・ウェーバーを読む——仲正昌樹

## 哲学・思想Ⅱ

13 論語——貝塚茂樹
285 正しく考えるために 岩崎武雄
324 美について——今道友信
1007 日本の風景・西欧の景観——オギュスタン・ベルク 篠田勝英 訳
1123 はじめてのインド哲学 立川武蔵
1150 「欲望」と資本主義——佐伯啓思
1163 「孫子」を読む——浅野裕一
1247 メタファー思考——瀬戸賢一
1248 20世紀言語学入門 加賀野井秀一
1278 ラカンの精神分析——新宮一成
1358 「教養」とは何か——阿部謹也
1436 古事記と日本書紀 神野志隆光
1439 〈意識〉とは何だろうか 下條信輔
1542 自由はどこまで可能か 森村進
1544 倫理という力——前田英樹
1560 神道の逆襲——菅野覚明
1741 武士道の逆襲——菅野覚明
1749 自由とは何か——佐伯啓思
1763 ソシュールと言語学——町田健
1849 系統樹思考の世界——三中信宏
1867 現代建築に関する16章 五十嵐太郎
1875 日本を甦らせる政治思想 菊池理夫
2009 ニッポンの思想——佐々木敦
2014 分類思考の世界——三中信宏
2093 ウェブ×ソーシャル×アメリカ 池田純一
2114 いつだって大変な時代——堀井憲一郎
2134 いまを生きるための思想キーワード——仲正昌樹
2155 独立国家のつくりかた 坂口恭平
2164 武器としての社会類型論 加藤隆
2167 新しい左翼入門——松尾匡
2168 社会を変えるには——小熊英二
2172 私とは何か——平野啓一郎
2177 わかりあえないことから 平田オリザ
2179 アメリカを動かす思想 小川仁志
2216 まんが 哲学入門——森岡正博 寺田にゃんこふ
2254 教育の力——苫野一徳
2274 現実脱出論——坂口恭平
2290 闘うための哲学書——小川仁志 萱野稔人

## 宗教

27 禅のすすめ——佐藤幸治

135 日蓮——久保田正文

217 道元入門——秋月龍珉

606 「般若心経」を読む——紀野一義

667 生命《いのち》あるすべてのものに　マザー・テレサ

698 神と仏——山折哲雄

997 空と無我——定方晟

1210 イスラームとは何か——小杉泰

1469 ヒンドゥー教　クシティ・モーハン・セーン　中川正生 訳

1609 一神教の誕生——加藤隆

1755 仏教発見！——西山厚

1988 入門　哲学としての仏教　竹村牧男

2100 ふしぎなキリスト教——橋爪大三郎　大澤真幸

2146 世界の陰謀論を読み解く——辻隆太朗

2150 ほんとうの親鸞——島田裕巳

2159 古代オリエントの宗教　青木健

2220 仏教の真実——田上太秀

2241 科学vs.キリスト教——岡崎勝世

2293 善の根拠——南直哉

Ⓒ

## 政治・社会

## 経済・ビジネス

350 経済学はむずかしくない〈第2版〉——都留重人
1596 失敗を生かす仕事術 畑村洋太郎
1624 企業を高めるブランド戦略——田中洋
1641 ゼロからわかる経済の基本——野口旭
1656 コーチングの技術——菅原裕子
1695 世界を制した中小企業 黒崎誠
1926 不機嫌な職場——高橋克徳 河合太介 永田稔 渡部幹
1992 経済成長という病——平川克美
1997 日本の雇用——大久保幸夫
2010 日本銀行は信用できるか 岩田規久男
2016 職場は感情で変わる 高橋克徳
2036 決算書はここだけ読め！——前川修満
2061 「いい会社」とは何か 小野泉 古野庸一
2064 決算書はここだけ読め！キャッシュ・フロー計算書編 前川修満
2078 電子マネー革命——伊藤亜紀
2087 財界の正体——川北隆雄
2091 デフレと超円高——岩田規久男
2125 ビジネスマンのための「行動観察」入門 松波晴人
2128 日本経済の奇妙な常識 吉本佳生
2148 経済成長神話の終わり アンドリュー・J・サター 中村起子 訳
2151 勝つための経営——畑村洋太郎 吉川良三
2163 空洞化のウソ——松島大輔
2171 経済学の犯罪——佐伯啓思
2174 二つの「競争」——井上義朗
2178 経済学の思考法——小島寛之
2184 中国共産党の経済政策 柴田聡 長谷川貴弘
2205 日本の景気は賃金が決める 吉本佳生
2218 会社を変える分析の力 河本薫
2229 ビジネスをつくる仕事 小林敬幸
2235 20代のための「キャリア」と「仕事」入門——塩野誠
2236 部長の資格——米田巖
2240 会社を変える会議の力 杉野幹人
2242 孤独な日銀——白川浩道
2252 銀行問題の核心——江上剛 郷原信郎
2261 変わった世界 変わらない日本——野口悠紀雄
2267 「失敗」の経済政策史 川北隆雄
2300 世界に冠たる中小企業 黒崎誠
2303 「タレント」の時代——酒井崇男

## 世界の言語・文化・地理

958 英語の歴史――中尾俊夫
987 はじめての中国語――相原茂
1025 J・S・バッハ――礒山雅
1073 はじめてのドイツ語 福本義憲
1111 ヴェネツィア――陣内秀信
1183 はじめてのスペイン語 東谷穎人
1353 はじめてのラテン語 大西英文
1396 はじめてのイタリア語 郡史郎
1446 南イタリアへ！――陣内秀信
1701 はじめての言語学 黒田龍之助
1753 中国語はおもしろい 新井一二三
1949 見えないアメリカ――渡辺将人
1959 世界の言語入門――黒田龍之助
2052 なぜフランスでは子どもが増えるのか 中島さおり
2081 はじめてのポルトガル語 浜岡究
2086 英語と日本語のあいだ 菅原克也
2104 国際共通語としての英語 鳥飼玖美子
2107 野生哲学――管啓次郎 小池桂一
2108 現代中国「解体」新書――梁過
2158 一生モノの英文法――澤井康佑
2227 アメリカ・メディア・ウォーズ――大治朋子
2228 フランス文学と愛――野崎歓

F

## 世界史Ⅰ

世界史Ⅱ